AF871356

novum premium

Thomas Damran
Landsberg

KOMPAKTRATGEBER
Coaching

Wie **Coaching** Dich in Deine **Kraft**
und **Selbstwirksamkeit** führt

novum premium

Dieses Buch ist auch als
e-book
erhältlich.

www.novumverlag.com

Bibliografische Information
der Deutschen Nationalbibliothek:

Die Deutsche Nationalbibliothek
verzeichnet diese Publikation in
der Deutschen Nationalbibliografie.
Detaillierte bibliografische Daten
sind im Internet über
http://www.d-nb.de abrufbar.

Alle Rechte der Verbreitung,
auch durch Film, Funk und Fernsehen,
fotomechanische Wiedergabe,
Tonträger, elektronische Datenträger
und auszugsweisen Nachdruck,
sind vorbehalten.

Gedruckt in der Europäischen Union
auf umweltfreundlichem, chlor- und
säurefrei gebleichtem Papier.

© 2024 novum Verlag

ISBN 978-3-99130-439-5
Lektorat: Dr. Angelika Moser
Umschlagfoto:
Valentyn640 | Dreamstime.com
Umschlaggestaltung, Layout & Satz:
novum Verlag
Innenabbildungen:
Fotostudio Lichtblicke Bonn,
Sevira Patricia Landsberg
Autorenfoto:
Fotostudio Lichtblicke Bonn

www.novumverlag.com

Druckprodukt mit finanziellem
Klimabeitrag
ClimatePartner.com/16547-2311-1001

WIDMUNG

*In Liebe und Dankbarkeit
gewidmet meinem Lehrer Shalim,
Herzöffner, Wegbereiter, Freund
und Quelle meiner Inspiration.*

INHALTSVERZEICHNIS

Widmung 5

1 Über mich 9
2 Coaching, na und? Starte mit dem Warum! 13
3 Ein Ziel dient zum besseren Zielen 20
4 Umarme die Veränderung 24
5 Geheimnisvolles Jetzt 29
6 Mut und Vertrauen als der Anfang von allem 35
7 Klarheit durch Klärung – Dein Turbo für den Alltag 43
8 Authentizität – einfach Ich sein, oder? 51
9 Entschleunigung und Mindfulness 57
10 Freiheit – Segen oder Last? 70
11 Stille 77
12 Atmen – das am meisten unterschätzte Hilfsmittel 87
13 Deine absolute Superpower – Herzqualität und Resilienz 93
14 Kraftquelle Glaube und Spiritualität 98
15 Königsweg Liebe 110

Weitere Buchveröffentlichungen des Autors 115

1

ÜBER MICH

„Folge Deinem Herzen – doch nimm Deinen Verstand mit.“

Mittlerweile gesegnet mit 40 Jahren Business- und Konzernerfahrung begleite ich mit Leib und Seele als Coach, Therapeut, Achtsamkeitslehrer und Autor seit einem Vierteljahrhundert Menschen auf ihrem Weg zu beruflichem Erfolg, Gesundheit und Lebenszufriedenheit.

In diesen fordernden und gleichzeitig auf allen Ebenen lehrreichen und bereichernden Jahren habe ich mir aus den unendlichen Möglichkeiten eine Vielzahl hilfreicher Coaching-Zertifizierungen und fundierter Ausbildungen in einem naturheilkundlich-holistischen Kontext „gepflückt“, die zu meiner Überzeugung einer sinnvollen und zielführenden Arbeit mit Menschen passen. Grundlage meiner klientenzentrierten Vorgehensweise ist ein holistischer Dreiklang von Körper, Geist und Seele.

Coach zu sein und vertrauensvoll mit meinen Klienten arbeiten zu dürfen, bedeutet für mich das wunderbare Geschenk, meine Berufung und meinen Beruf miteinander zu verbinden. Andere dabei zu unterstützen, sich selbst besser kennen zu lernen, gesünder und glücklicher zu leben und schlummerndes Potenzial zu entfalten, bedarf neben einem klaren Verstand und feiner Wahrnehmung besonders ein offenes Herz. Auch wenn ich als Coach nicht über einen besseren Zugang zur Wirklichkeit verfüge als Du, sehe ich mich auf Basis fundierter Ausbildung und einiger Berufs- und Lebenserfahrung zum Beispiel auch mittels guter Fragen und anderer intuitiver Interventionen in der Lage, meinen Coachees Impulse zu geben, Perspektiven aufzuzeigen, durch die sie sich tiefergehend reflektieren und in einem neuen Licht erkennen können. Andere Menschen im Herzen zu berühren, setzt voraus, auch selbst berührbar zu sein und sein Herz zu öffnen. Eine lediglich sachlich intellektuelle Begegnung mit anderen bleibt in der Wirkung unvollständig.

Da ich viel mit Managern und Führungskräften arbeite, erscheinen Dir vielleicht einige der folgenden Beschreibungen nur einsetzbar in einem betrieblichen oder unternehmerischen Kontext. Doch sei versichert, dass die dahinter liegenden Sichtweisen und Empfehlungen davon unabhängig für jedermann – sozusagen für jede Lebenslage und persönliche Situation – Gültigkeit haben.

Wenn Du Dir etwas vorstellen kannst, dann kannst Du es auch erreichen. Selbst wenn es schier unglaublich erscheint, gibt es nach meiner tiefen Überzeugung im Kosmos keine wirkliche Begrenzung, so wie auch der Himmel über uns grenzenlos ist. Wie oben – so unten. Wie im Großen – so im Kleinen. Erst unser Verstand und das Vertrauen in uns selbst – oder dessen Gegenteil – definieren unsere Grenzen. Im Volksmund nennt sich das dann eine selbsterfüllende Prophezeiung. Das Geheimnis lautet: Glaube an Dich, vertrau Dir selbst, „think big“ und geh einen Schritt nach dem anderen, dann werden Wunder geschehen.

Kognitiv scheinbar keine Raketentechnik, doch das kontinuierliche Umsetzen und stetig konstruktive Dranbleiben sind allerdings auch kein Streichelzoo, nix für Feiglinge und in jedem Fall anspruchsvoll. In diesem Sinne freue ich mich, wenn ich Dich als Coach mit meiner Methodenvielfalt, sturmerprobten Tricks und Tipps und jetzt hier mit diesem Buch ein Stück Deines Weges auf dieser spannenden Entdeckungsreise hin zu Dir selbst unterstützen und begleiten kann.

WAS MICH BEWEGT HAT, DIESES BUCH ZU SCHREIBEN

Mein Beweggrund, dieses Buch zu schreiben, war und ist der Wunsch, der Welt etwas zurückzugeben und meine Mitmenschen teilhaben zu lassen an persönlichen Erkenntnissen und Überzeugungen, die ich in nunmehr 57 Lebensjahren schöpfen konnte. Wie viele andere Menschen, so habe auch ich auf meinem Weg einige anspruchsvolle, man kann vielleicht sogar sagen schwere Zeiten erlebt, in denen ich glaubte, kein Licht und auch kein Ende des Tunnels zu sehen. Glücklicherweise traten in diesen dunkelsten Stunden Menschen, die ich heute als wahre Engel betrachte, in mein Leben, die mich auf vielfältige Weise dabei unterstützten, den Weg zurück in meine Zuversicht, Selbstbestimmung und Lebensfreude zu finden. Und selbst, wenn mir niemand die eigentliche Arbeit der Auflösung meiner Schwierigkeiten abnahm, so traf ich doch die für mich lebensverändernde Entscheidung, meinen Stolz zur Seite zu legen, meinem Herzen zu vertrauen und mich von erfahrenen „Bergführern" (Lehrern und Coaches) an die Hand nehmen zu lassen, um Auswege aus meinen inneren und äußeren Labyrinthen zu finden.

All diese tiefgreifenden Erfahrungen waren es dann auch, die mich meine Freude und Begeisterung und insbesondere meine offensichtliche Begabung für alle möglichen Arten der Begleitung von Menschen in ihrer persönlichen Entwicklung und in

Krisensituationen entdecken ließen. So absolvierte ich neben meinem ersten Beruf als Betriebswirt und Banker über mehr als zwei Jahrzehnte eine Vielzahl fundierter Ausbildungen in ganzheitlichen Therapieverfahren, diversen Coachingmethoden und vieles weitere mehr.

Bis heute beobachte ich, dass es nicht wenige vom Leben gebeutelte Menschen gibt, die teils über viele Jahre in bedrückenden Teufelskreisen gefangen sind und kaum den Weg zurück ins Licht finden. Für diese Menschen (und Institutionen) möchte und kann ich der Wegbereiter und die Stütze sein, wie ich es selbst erfahren durfte. Ein guter Bergführer ist derjenige, der den Weg selbst schon viele Male gegangen ist und die je nach individueller Situation geeigneten Routen kennt – oder sie aus fundierter Erfahrung treffend antizipieren kann.

Wichtig zu erwähnen ist mir an dieser Stelle, dass es nicht nötig ist, diesen erfahrenen Bergführer erst dann zu konsultieren, wenn Du mit letzter Kraft ohne Seilabsicherung und mit nur noch einem Finger in der Steilwand hängst, während Dir ein Schneesturm die letzte Sicht raubt. Es macht vielmehr Sinn, Dir schon ohne solche Not professionelle Unterstützung an die Seite zu nehmen, um den Pfad von vorneherein ohne unnötigen Energieverlust, sondern sicher und mit viel Freude und Esprit zu bewältigen.

In diesem Sinne sollte Persönlichkeitsentwicklung meiner Überzeugung nach Freude machen und muss nicht nur aus einer Not heraus betrieben werden. Für mich selbst kann ich sagen, dass diese Erkenntnis und das daraus entstandene Bewusstsein für mein Leben und meine Entwicklung einen wahren Turbo entfacht hat.

An alledem möchte ich meine Leser von Herzen gerne teilhaben lassen.

2

COACHING, NA UND? STARTE MIT DEM WARUM!

***

Aus welchem Grund Du Coaching für Dich ins Kalkül ziehen solltest:

Na, weil Du es wert bist bzw. es Dir ab heute wert sein solltest. Du bist ein absolutes Unikat. Dich gibt es nur ein einziges Mal auf diesem Planeten. Und wenn Du gut für Dich und Dein Wohlbefinden sorgst, sorgst Du automatisch gut für die Welt.

***

DU MACHST DEN UNTERSCHIED!

In diesem Sinne herzlichen Glückwunsch zum Erwerb dieses Coaching-Ratgebers und dazu, dass Du Dich wahrscheinlich gerade mit der Frage beschäftigst, wie Du Dir Dein Leben und aktuelle Herausforderungen etwas leichter gestalten kannst.

Weshalb Du es Dir wert sein solltest, Coaching in Anspruch zu nehmen? Wenn Du, aus welchem Grund auch immer, zurzeit auf der Suche nach persönlichem Wachstum bist, wird die Inanspruchnahme von Coaching Dir mit allergrößter Wahrscheinlichkeit dabei helfen, gesetzte Ziele effizienter und effektiver zu erreichen. Ein professioneller Coach unterstützt Dich, persönliche Stärken und auch Deine Wachstumsbereiche zu identifizieren und gemeinsam einen zu Dir passenden Plan zu entwickeln, um diese Ziele zu erreichen. Auf dem Weg dorthin kannst Du Dich jetzt schon auf jede Menge konstruktives Feedback freuen, das Dich für die Umsetzung Deiner Pläne motivieren, manchmal ein wenig challengen, auf jeden Fall aber bei der Überwindung möglicher Hindernisse unterstützen wird.

In einer individuellen Teamarbeit wird Dein Coach Dich dabei unterstützen, Deine Selbstreflexion und Selbstwahrnehmung zu verbessern, Deine Kommunikations- und (Selbst-)Führungsfähigkeiten zu entwickeln und Dich auf eine höhere Leistungsebene zu bringen. Und das alles nicht nur intellektuell oder in Deinem Verhalten, sondern auch emotional und vor allem in Deiner Selbstwahrnehmung und Selbstmanagementkompetenz.

Übrigens ist es nur ein Teil der Wahrheit, dass Coaching ausschließlich der Überwindung von Hemmnissen, Hürden und Problemen vorbehalten ist. So darf ich in zunehmender Zahl Menschen in meiner Coachingpraxis begrüßen, denen es im Grunde genommen richtig gut geht, die nichtsdestotrotz eine tiefe Sehnsucht verspüren, sich „ohne Not“ weiterzuentwickeln, sich besser kennenlernen möchten, den Blickwinkel auf sich selbst, die Welt und das Leben im Allgemeinen zu erweitern. Gerade bei materiell erfolgreichen Menschen geht es ab einem bestimmten Grad vermehrt um Herzensthemen, die sich beispielsweise um Lebenssinn, Lebensaufgabe, Lebensglück, das Erleben erfüllter Beziehungen und das Entdecken wahrer Liebe drehen. Strebt nicht fast jeder Mensch danach? So ist professionelles Coaching deutlich mehr als nur ein kurzfristiger Boost. Vielmehr öffnet es Dir Bewusstseinsräume, die Dich dabei unterstützen, langfristige Veränderungen im Denken und Handeln zu bewirken, und Dir helfen, zufrieden und glücklich zu sein und es in unserer schnelllebigen und disruptiven Zeit auch zu bleiben.

Zufriedenheit und das Empfinden von Lebensglück sind häufig keine stabilen Größen, wie global explodierende Zahlen von Angststörungen und Mental-Health-Problemen bedauerlicherweise zeigen. Wie kommt das eigentlich? Nach meiner Beobachtung leiden die meisten Menschen an einem überreizten Nervensystem infolge des unablässigen medialen Beschusses mit einer Angst und Sorgen fördernden und aus psychologischer Sicht hochgradig destruktiven Informationspolitik. Hinzu kommt eine an Oberflächlichkeit kaum noch zu überbietende Toxizität unserer Art zu leben, wie beispielsweise in stark reduzierten bis hin zu kaum noch existenten sozialen Interaktionen ohne echte menschliche Begegnung.

Die damit einhergehende Unterdrückung oder Verdrängung natürlicher Gefühle mit spürbarer emotionaler Verkümmerung herrscht nicht nur im Businesskontext vor, sondern diese Prägung beginnt heute bereits im Kindesalter – im Grunde sogar schon vor Geburt in der Schwangerschaft durch überforderte Eltern, die unter Angst, Sorge, Stress und sozialem Druck stehen. Bitte versteh mich nicht falsch, ich bin davon überzeugt, dass Eltern generell ihr Bestes geben zum Wohle ihrer Kinder. Das Ganze passiert allerdings in einem leider nicht als solches wahrgenommenen destruktiven Umfeld und zeitigt deshalb auch diverse destruktive Wirkungen. So stellen Forscher vermehrt Störungen in der kindlichen Gehirnentwicklung fest, was oft mit dem Thema „Genetik“ begründet wird. In gewisser Weise stimmt das auch, da Kinder bereits im Mutterbauch die negativen Emotionen und Überreizungsprägungen übernehmen. All das produziert Milliardengewinne für die Pharmaindustrie durch eine zunehmend „kranke Gesellschaft“. Ein Schelm, wer Böses dabei denkt ...

Nachhaltiges Erleben von Zufriedenheit, Leistungsfähigkeit, Wohlbefinden und Lebensfreude ist nicht etwa Zufall, indem Du bei der Geburt einfach Glück gehabt hast. Sondern es ist bei genauerer Analyse in fast allen Fällen ein Resultat aus bewusstem Innehalten, sinnvoll initiierter Selbstreflexion, zielorientiertem Ausprobieren, anschließender Ergebnis-Verprobung, Metagesprächen, Beständigkeit und kontinuierlichem Emotions- und Energiemanagement.

Klingt nach Arbeit, oder? Doch andererseits bringt, all dies nicht zu tun, garantiert ein Vielfaches mehr an Arbeit in Dein Leben, indem Du laufend Scherbenhaufen wegräumen musst, die aus unbewusst generierten Konflikten und Alltagsdramen entstehen. So ist bewusster Schöpfer Deiner eigenen Realität zu sein, eigentlich Deine Bestimmung, die Dir die sogenannte „Moderne" wegkonditioniert hat: für mich Ursache für die vielerorts vorherrschende psychische Orientierungslosigkeit und emotionale Verwirrung und eine so bedrückend geringe Leichtigkeit in den Herzen vieler Menschen. Was also tun?

Simon Sinek („Start with why") hat seinen hohen Bekanntheitsgrad als Mental- und Managementtrainer insbesondere mit der Feststellung erlangt, dass erfolgreiche Menschen und Unternehmen ihre Handlungen und Entscheidungen zuallererst auf einen klaren Zweck, eine klare Vision konzentrieren – also auf das „Warum" und den tieferen Sinn dahinter, anstatt sich am „Was" oder „Wie" abzuarbeiten. Diese Herangehensweise lässt sich sehr gut auch auf Deine Coachingüberlegungen übertragen:

Indem Du gemeinsam mit Deinem Coach ein klares Verständnis Deines „Warum" identifizierst – also warum Du bestimmte Ziele erreichen und vielleicht bestimmte Verhaltensweisen ändern möchtest –, kannst Du Deine Handlungen und Entscheidungen zielgerichteter und damit deutlich energiereicher und bewusster auf genau diesen Zweck ausrichten. Die Fragen, was zu tun ist und wie Du es umsetzen willst, ergeben sich danach fast von allein.

Unterschätze nie die Kraft der Bewusstheit – sich bewusst zu werden, dass es in Deinem Leben, in Deiner Entwicklung, auf Deinem Weg zu Erfolg oder Glücklichsein „etwas" zu tun gibt, sind bereits 50 % des Erfolges. Du kannst an jedem Punkt beginnen. Jeder kann seine Situation zum Besseren verändern. Du **bist** nicht Dein Problem. Egal, welche Vorgeschichte Du mitbringst, Du kannst Dich immer weiterentwickeln und verändern. Einen Klienten fragte ich einmal, was rückblickend die wichtigste und kreativste Entscheidung in seinem Leben war? Er antwortete:

„Der Satz: Ich brauche Deine Hilfe.“

Es ist ein Zeichen von Stärke und Intelligenz, um Unterstützung zu bitten. Derjenige, der helfen darf, ist nicht besser oder wirklich weiter als der um Hilfe Bittende. Am Ende sitzen wir alle im selben Boot und gehen Seite an Seite unseren Lebensweg.

SINNFRAGEN

Als Menschen kommen wir irgendwann im Leben wahrscheinlich alle an einen Punkt der Sinnsuche und einer übergeordneten Frage nach dem Warum. Oft geschieht das in Zeiten existenzieller Krisen, so wie wir es zum Beispiel durch Pandemien, Verluste geliebter Menschen, zerstörerische Fluten, Kriegsgeschehen, drohende Börsencrashs oder galoppierende Inflation erleben. In solch existenziellen Situationen realisieren wir, dass sich Lebensfreude, emotionale Stabilität, Beseelung, Liebe, innerer Frieden und wahrer Lebenssinn weder mit allem Geld der Welt kaufen noch durch steile Karrieren erreichen lassen. Nicht selten fühlen wir uns dann verloren, hilflos und überfordert. Deshalb meine Empfehlung: Reflektiere Dich auch schon „ohne Not“.

Was schenkt Dir in Deinem Leben Sinn? Woran glaubst Du? Was hält Dich und verleiht Dir Stärke und Zuversicht, wenn Deine materiellen Errungenschaften den Bach runtergehen? Ob eine solche Reflexion am Ende zur Sinn-Krise wird oder zum Sinn stiftenden Turbo für neuen Spirit, Gesundheit und Lebenszufriedenheit, hängt von den passenden Antworten ab, die nur jeder für sich ganz persönlich finden kann. So kommt selbst mancher Coach an seine Grenzen, wenn er für sich bisher noch keine adäquaten Antworten auf diese Fragen gefunden hat.

Generell vertrete ich den Standpunkt, dass meine Klienten im Coaching immer auch die Möglichkeit einer Beschäftigung mit der eigenen Spiritualität erhalten sollten, natürlich nur, sofern sie das wünschen, und dann gerne auch mit einem Konnex zur individuellen beruflichen Situation, wo es ja nicht selten an Sinn mangelt. Nach meiner Beobachtung ist genau das eine oft unerkannte Ursache für die Entstehung von Leistungsdefiziten, Demotivation bis hin zu Burnout. Und während ich das schreibe, ist mir durchaus bewusst, dass dieses Thema aktuell noch nicht überall als „businesskonform" betrachtet, sondern oft mit „ist mir alles zu esoterisch" weggewischt wird. Dahinter steckt jedoch in der Regel Unsicherheit, weil niemand sich gesellschaftlich gerne mit als uncool gelabelten Themen den Mund verbrennen möchte. Zum Glück setzt sich gerade eine dahingehend deutlich höhere Offenheit in den Köpfen und Herzen der Menschen durch.

Im Coaching geht es darum, Klienten eine neutrale Außenperspektive anzubieten, die sie aus sich selbst heraus in der Regel nicht erreichen. Manchmal haben wir einen verklärten Blick darauf, wie wir wirklich auf andere wirken, denn ehrliches Feedback ist eher selten – und in manchen beruflichen Rollen und Hierarchieebenen praktisch nicht mehr vorhanden. In dem Prozess der Persönlichkeitsentwicklung sind temporäre Rückfälle in alte und vielleicht destruktive Verhaltensmuster völlig normal. Kontinuierliches Training und Feedback bei und durch einen neutralen Coach sind deshalb Gold wert, um dranzubleiben und den Prozess nicht zu früh abzubrechen.

HUMAN DOING ODER HUMAN BEING?

Da wir keine „human doings", sondern „human beings" sind, ist es für Dein Energiemanagement auch sehr sinnvoll, dass wir gemeinsam anstelle ausschließlicher To-do-Listen für Dich auch mal eine persönliche „To-be-Liste" entwerfen. Hier geht es darum, sozusagen einen Schritt von Dir selbst zurückzutreten und Dich mit solchen Fragen zu beschäftigen, wer Du sein möchtest und welche positiven Emotionen Du Dir tatsächlich erlebbar machen willst. Es geht dabei erst mal nicht um die Verhaltensebene, sondern um Dein Sein. Dein Sein generiert sich aus Deiner Identität (Selbstbild, selbst zugeschriebene Rolle), die wiederum genährt ist von Deinen persönlichen Werten und Glaubenssätzen (Mindset, Einstellungen). Sobald Du Klarheit und Bewusstsein in diese hochenergetischen Ebenen bringst, wirst Du wissen, wie Du Dich in der jeweiligen Situation zu verhalten hast. Wir schlagen mit solchen To-be-Listen also gleich mehrere Fliegen mit einer Klappe.

Im Hinterkopf zu behalten ist, dass es im Coaching nicht immer darum geht, etwas Bestimmtes zu tun. Oft geht es auch darum, etwas sein zu lassen, wie bestimmte Dinge oder Gewohnheiten, die Dir nicht dienlich sind. Und dieses Sein-Lassen hat meist viel mit aushalten lernen zu tun. Indem Du lernst, auszuhalten, etwas, was Dir nicht mehr dienlich ist, nicht mehr zu tun, kreierst Du gleichzeitig eine neue Gewohnheit, die Dich konstruktiv in Deiner Entwicklung unterstützt. Chronisches Gestresst- und mit Stolz vor sich hergetragenes „Busy"-Sein sind nicht selten Ablenkungsmanöver Deines Egos, das sich gegen Veränderung wehrt, indem es Dich davon abhält, Dich mit dem Wesentlichen zu beschäftigen, nämlich mit Dir selbst. „Bewusstsein ist des Ego Tod" – und so versucht Dein Ego, Dich im unbewussten Autopiloten zu halten, der Dich wie in einem Hamsterrad auch destruktive Verhaltensmuster immerwährend wiederholen lässt. Und hier komme ich als Coach Deines Vertrauens ins Spiel, um Dir zu helfen, Bewusstsein und Klarheit herzustellen, um aus diesen Teufelskreisen auszusteigen. Coaching ist in diesem Kontext keine Therapie, wenngleich klinisches Wissen und ein ganzheitliches Verständnis für einen Coach nach meiner Erfahrung mehr als dienlich sind.

3

EIN ZIEL DIENT ZUM BESSEREN ZIELEN

Aus welchem Grund Du zum Erreichen Deiner Ziele Coaching ins Kalkül ziehen solltest:

Wenn Du kein Ziel hast, wirst Du wahrscheinlich auch nirgendwo richtig ankommen. Wobei ein Ziel auch die ersehnte Lösung für eine bestimmte Herausforderung sein kann. Hierbei gilt es im Coaching die individuellen Prägungen und Muster zu verstehen, ob es einen eventuellen Automatismus in Richtung „Problembewunderung" gibt und wie ein solcher in echte Lösungsorientierung transformiert werden kann.

NUTZE DIE MÖGLICHKEITEN

Nachhaltiges Coaching ist ein kontinuierlicher Prozess und nur selten ein einmaliges Event. In diesem Prozess besteht eine der Aufgaben des Coaches darin, Dich bei der Stange und konstruktiv, sinnvoll ausgerichtet zu halten, damit Du Deine definierten Ziele tatsächlich erreichst.

Falls Du denkst: „Ich muss das doch auch allein hinkriegen", kein Ding. Selbstverständlich entscheidest Du, wofür oder wie lange Du Unterstützung in Anspruch nehmen möchtest. Ich bin allerdings sicher, dass Du trotz des nachvollziehbaren Strebens, auch allein klarzukommen, „trotzdem" zum Zahnarzt gehst, wenn Du eine Wurzelbehandlung brauchst, oder Du Dein Auto in eine Meisterwerkstatt bringst, wenn die Elektrik spinnt. Eventuell könntest Du auch mit Hilfe von Büchern, Anleitungen und Videos im Internet bis zu einem gewissen Grad allein klarkommen, doch am Ende sichert die Konsultation eines Profis wohl die größte Erfolgswahrscheinlichkeit. Dasselbe ist es im Thema Coaching und hier kommt wieder die Frage auf, was Du Dir wert bist?

Durch das Identifizieren und Setzen von Zielen sowie entsprechend mutige Entscheidungen bringst Du gemeinsam mit Deinem Coach Klarheit und Ordnung in Deine Gedanken und Gefühle. Das Vermeiden unterschwelliger Grübeleien und gleichzeitig das Drücken Deiner inneren Enter-Taste spart Dir jede Menge Lebensenergie. Wohl auch deshalb heißt es im Volksmund: Es gibt nichts Gutes – außer man tut es! Wir versuchen uns zwar gerne selbst einzureden, dass wir doch lediglich „die richtige" Entscheidung treffen wollen und deshalb bestimmte Themen seriös und vor allem lange von allen Seiten durchdenken „müssen". Zum Teil mag das auch stimmen, doch passiert es in diesem Prozess trotzdem, dass wir die Signale unserer inneren Stimme ignorieren, weil irgendwann eine Entscheidung einfach ansteht und weitere Verzögerungen nicht „mehr" bringen. Was häufig fehlt, ist ein klares Ziel, was Du bis wann auf genau welche Weise tatsächlich tun oder lassen möchtest. Wir können unser Unterbewusstsein, das im Hintergrund unsere ungelösten Themen weiter vor sich hin köchelt, nicht überlisten. Wissen wir im Grunde unseres Herzens doch, dass Aufschieberitis uns nicht weiterbringt. Und so müssen wir bildlich gesprochen immer mehr Energie aufwenden, um mit zunehmendem (Leidens-) Druck den Deckel des Kochtopfes unten zu halten. Wie befreiend und erleichternd ist es dann, wenn wir uns klar werden und eine überfällige Entscheidung endlich mal raus ist.

Wenn Du bei der Zielfindung gemeinsam mit Deinem Coach herausarbeiten kannst, inwieweit Dein Ziel eine „Hin-zu-" oder eine „Von-weg-Motivation" ist, erhältst Du weitere wichtige Parameter des Erkennens, wie sich Deine weitere Strategie voraussichtlich auf Deinen Energiehaushalt auswirken wird. Ein super-spannendes Thema.

LÖSUNGSORIENTIERUNG ANSTELLE VON PROBLEMBEWUNDERUNG

Im beruflichen Normalmodus sehr gut beobachtbar, beispielsweise in Teamrunden oder Projektmeetings, werden die meiste Zeit und Energie damit verschwendet, sich ausgiebig und in überdimensionierten Frage- und Analyse-Orgien mit allen möglichen Problemen zu beschäftigen und über verschiedenste Hemmnisse gegenseitig zuzutexten. Probleme werden aus jeder nur denkbaren Perspektive regelrecht bewundert (was sie immer größer werden lässt), anstatt das Gros der zur Verfügung stehenden Energie für die Lösungsfindung einzusetzen. Ein wesentlicher Grund dafür ist sicherlich unsere evolutionäre Störungsfokussierung, die Du z. B. bei Verkehrsunfällen am Gaffer-Phänomen erkennst. Im Grunde funktionieren so auch die Medien, die deutlich mehr Aufmerksamkeit für Berichte rund um Widrigkeiten, Krankheiten, Mord und Totschlag bekommen, als wenn über Positives berichtet wird, was deshalb praktisch auch nicht stattfindet. Zwar war dieser Mechanismus, Gefahren sensibel frühzeitig erkennen zu können, für uns einmal überlebenswichtig, doch steht genau das uns heute in vielen Situationen im Wege, beispielsweise bei der wirklich konzentrierten und zielgerichteten Lösung von Problemen.

Oft ist die Verlockung groß, durch die oben genannten unbewussten Automatismen mit möglichst vielen „intelligenten Fragen" das Problem zu bewundern: „Warum haben wir das Problem? Wer ist schuld? Wieso passiert uns immer so was? Wer hat recht?" Gaukeln wir uns doch damit selbst vor, verstehen zu wollen, wie es dazu kam. Sicherlich mag das zu einem Teil stimmen und in einer professionellen Businessanalyse oder als Revisor und Wirtschaftsprüfer macht das dann auch Sinn. Die Motivation für diese Art des Fragens resultiert im alltäglichen Miteinander jedoch überwiegend aus unserer ausgeprägten Problemorientierung. Und weil es fast jeder so macht, fällt es kaum jemandem auf. Um nicht missverständlich zu klingen, selbstredend gehört zu einem lösungsorientierten Vorgehen auch eine

Fehleranalyse. Diese sollte im jeweiligen Prozess einer zielführenden Selbst- und Führungskommunikation allerdings günstigerweise nicht mehr als 10 % der Gesamtenergie in Anspruch nehmen. Damit stünden dann satte 90 % zur Lösungsfindung zur Verfügung. In der Realität ist es oft umgekehrt.

Durch beispielsweise professionelle lösungsorientierte Fragetechnik, die dann auch gut zum Selbstcoaching genutzt werden kann, unterstütze ich Dich als Dein Coach dabei, die bereits in Dir vorhandenen Lösungsansätze hervorzuholen. Insofern agiere ich als eine Art Geburtshelfer für das in Dir und Deinem Umfeld bereits vorhandene immense Wissen. Und danach lass uns auf jeden Fall konkret werden. Was genau wirst Du auf welche Weise bis wann und mit wem umsetzen, damit Du Dein Ziel möglichst effizient und effektiv erreichst?

4

UMARME DIE VERÄNDERUNG

Aus welchem Grund Du in diesen Zeiten tiefgreifender Umwälzungen Coaching ins Kalkül ziehen solltest:

Sicher ist, dass nichts sicher ist. So drückt das vergleichbare Prinzip „Wer dauerhaft glücklich sein möchte, der muss sich ständig verändern" eine Geisteshaltung aus, die bereits vor zweieinhalbtausend Jahren Grundlage eines Leitsatzes des griechischen Philosophen Heraklit war: „panta rhei", alles fließt. Der Schlüssel für einen im persönlichen Empfinden konstruktiv verlaufenden Veränderungsprozess liegt häufig in der bewussten Fokuslenkung auf das Positive, auf einen übergeordneten Sinn und die in jeder Transformation beheimateten Chancen.

GO SLOWLY BUT STEADILY

Veränderungen laufen immer in den gleichen sechs Schritten ab, die da heißen: Verlustangst, Zweifel, Unbehagen, Entdeckung, Verständnis und Integration. So sehr wir es auch versuchen, überspringen lässt sich keiner davon. Doch gibt es sehr gute Strategien, wie jede dieser unvermeidlichen, meist von intensiven Emotionen begleiteten Phasen mit möglichst wenig Energieverlust gemeistert werden kann. In der heutigen schnelllebigen Zeit ein häufiges Coachingthema, wie Du Dir vorstellen kannst. Jeder Zustand in Systemen ist unablässig in Veränderung begriffen – sozusagen im Change – unabhängig davon, ob es unser Körper, die Natur, die Weltwirtschaft oder das sich unablässig ausdehnende Universum betrifft. Rein gar nichts ist statisch! Und auch wenn es oberflächlich betrachtet den Anschein erwecken mag, weil die meisten von uns nicht ohne weiteres in der Lage sind, den unablässigen Tanz der Moleküle im Alltag wahrzunehmen. Wenn wir in die Natur schauen, erkennen wir sehr leicht, dass nichts bleibt, wie es gerade ist, und alles einer höheren Ordnung folgt. Ein stetiges Wachsen und Gedeihen, Vergehen und Wiederentstehen. Und analog zu den Jahreszeiten, so finden auch in unserem Körper, genau wie in einer Konzernwelt, permanente Aufbau-, Abbau- und Umbauprozesse statt. Medizin und Biologie wissen, dass sich unsere Milliarden von Körperzellen in einem Zyklus von etwa 7 Jahren komplett erneuern. Wir sind also heute buchstäblich mit keiner Zelle mehr diejenigen, die wir vor sieben Jahren einmal waren, auch wenn das für uns nicht so leicht greifbar ist, weil unser Gedankenkarussell noch dasselbe zu sein scheint wie eh und je.

Viele Menschen flehen innerlich „bitte nicht noch mehr Change“. Vorausgeschickt: Das Streben nach Stabilität und Berechenbarkeit ist eine gute Sache und absolut menschlich. Gleichzeitig vermute ich die Ursache für die in uns Menschen tendenziell angelegte Aversion gegen Veränderung – als eine Art Symptom für einen häufig anzutreffenden Zustand innerer Starre – in der unbewussten Weigerung unseres Egos, sich ändern zu wollen. Anstehende Veränderungen werden zunächst einmal reflexartig als drohende Gefahr bewertet. Denn unser Ego ist stolz auf alle Errungenschaften, über die wir oft unseren Wert als Mensch definieren und die wir deshalb auch mit aller Macht festhalten möchten. Aus Erfordernissen des Loslassens mit gefühlten Veränderungen unseres Status quo erwachsen Verlustängste, die bis zu existenziellen Krisen in Körper und Psyche führen können. Wer von uns lässt schon gerne teils hart erarbeitete Errungenschaften wieder los. Im Volksmund sagt man allerdings auch, dass die Friedhöfe voll von Menschen sind, die sich für unersetzlich hielten. Sie wären wahrscheinlich enttäuscht zu sehen, dass die Welt sich ohne sie ruckelfrei weiterdreht.

So bewirkt neben materiellen Errungenschaften auch unreflektiertes Festhalten an Prinzipien nicht selten die Aufrechterhaltung von Stagnation, also Starre. Die Physik weiß, dass in einem geschlossenen System, wie beispielsweise im System Mensch, keine Information verloren geht, sondern lediglich ihre Erscheinungsform, ihren Ausdruck verändert (Energieerhaltungssatz). Diese Änderung der Erscheinungsform bedeutet Transformation, also Change in seiner Urform. Transformation des Alten durch dessen scheinbare Zerstörung bringt dabei gleichsam das Neue hervor, ist also Voraussetzung dafür, dass Altes sich weiterentwickeln kann. Gut zu beobachten ist dieses Phänomen nach einem Waldbrand, wo nach einiger Zeit aus der fruchtbaren Asche unaufhaltsam wieder pralles Leben erwächst, das nach Aussagen von Naturforschern häufig ein neues, höher entwickeltes Erscheinungsbild zeigt als vorher.

ERFOLGSFAKTOR GEDULD

In meiner Coachingarbeit kommt es vor, dass Klienten, die eigentlich mit dem Wunsch nach Veränderung und Richtungswechsel zu mir kommen, schnell ungeduldig werden und zu früh ihre Arbeit an sich selbst wieder abbrechen möchten. Meist passiert das in Momenten, wo schon erste Erfolge zu verzeichnen sind, es dann allerdings an des Pudels Kern geht. In dieser Phase kommen nicht selten Befürchtungen beim Klienten hoch, einen Rückschritt gemacht zu haben, weil bestimmte Themen, die bereits erledigt (verstanden) schienen, sich plötzlich, manchmal auch für eine gewisse Zeit zyklisch wiederkehrend, noch einmal in einer höheren Intensität zeigen. Dies ist völlig normal, da wir ja buchstäblich in die unaufgeräumten Ecken des Bewusstseins leuchten, wo erst einmal die wenigsten richtig „Bock“ drauf haben.

In einer ganzheitlichen Sichtweise bedeutet dieser aufkeimende innere Stress eigentlich eine begrüßenswerte Reaktion des Systems, wie sie beispielsweise aus der Homöopathie bekannt ist, wenn ein Zustand infolge einer Erstverschlimmerung zunächst scheinbar schlechter wird. Doch ist diese scheinbare Verschlimmerung in der Regel die Voraussetzung dafür, dass es überhaupt besser werden kann. Insofern lautet der aus meiner Sicht sinnvollere Begriff: Heilreaktion, die eine überwundene Regulationsstarre resultierend aus einem höheren Bewusstseinslevel anzeigt. Meist ist genau dann ein wichtiger Umkehrpunkt erreicht, an dem es um die Übernahme von Eigenverantwortung, also um eine klare Entscheidung, ein „Ja" zur Veränderung geht. Klienten, die an diesem Punkt zu einer Veränderung im Grunde ihres Herzens nicht bereit sind, dekodieren solche Heilreaktionen gerne so, dass das Coaching bei ihnen augenscheinlich nicht funktioniert, weil sie sich temporär schlechter fühlen und sie die eigentlich begrüßenswerte Reaktion nicht als Besserung empfinden können. Im Leistungssport nennt man vergleichbare Anpassungsprozesse Superkompensation. Anfänglicher Muskelkater nach intensiverer Belastung transformiert den Zielmuskel oder das Herz-Kreislaufsystem hierbei über eine Art Wachstumsschmerz zu unweigerlicher Leistungssteigerung. Genauso funktioniert Coaching.

VERTRAUEN IST DER ANFANG VON ALLEM

In diesen Phasen des inneren Wackelns besteht für den Coach die Mission darin, dem Klienten zu vermitteln, dass gerade im gefühlten Chaos Vertrauen und Geduld gefragt sind, um diesen wichtigen Umkehrpunkt, diese vorübergehende Phase, in der vielleicht die alten Vermeidungsstrategien des Egos noch einmal aktiv werden, zu durchschreiten. Auch und besonders, wenn es gerade schmerzhaft ist. Denn an genau dem Punkt liegt das größte Lösungspotenzial. Wenn Du es in dieser Phase schaffst, dabei zu bleiben, machst Du in der Regel einen großen Entwicklungsschritt und gehst aus der Situation gestärkt und befreit wie Phönix aus der Asche hervor.

Gerade im Businesskontext lässt sich nicht immer leicht vermitteln, dass Transformationsprozesse ihre Zeit brauchen. Wie auch eine neue Jahreszeit üblicherweise nicht mit einem Fingerschnipsen entsteht. Auch die Jahreszeiten als Sinnbild für natürliche Gesetzmäßigkeiten entwickeln sich einschleichend und wieder ausschleichend mit temporären Rückfällen in beide Richtungen. Ebenso verhält es sich mit dem Erreichen dauerhafter Einstellungsveränderung, vor allem wenn wir vormals vielleicht über Jahre bis Jahrzehnte anders gepolt waren. Es erfordert Übung und braucht auch seine Zeit, ob es das Verinnerlichen einer neuen Unternehmenskultur, das Erlernen anderer Verhaltensweisen, einer neuen Sportart, Sprache oder die Beherrschung eines Instruments ist. Bei den Letztgenannten erkennen wir es zumeist klarer, dass dafür regelmäßiges Training und Coaching nötig ist, um ein befriedigendes Level zu erreichen und stabil zu halten. Insofern: Willkommen im Club!

5

GEHEIMNISVOLLES JETZT

Aus welchem Grund Du zur Nutzbarmachung Deines Hier und Jetzt Coaching ins Kalkül ziehen solltest:

Indem Du die Kraft Deines Bewusstseins nutzen lernst, eröffnest Du Dir den Königsweg, nicht nur Deine Zukunft aktiv zu kreieren, sondern auch Deine Vergangenheit ändern zu können. Und zwar indem Du beginnst, wahrhaft im Hier und Jetzt zu leben und zu handeln, den jeweiligen Augenblick bewusst wahrzunehmen, wie er gerade wirklich für Dich ist, gedanklich nicht im Gestern und nicht im Morgen, sondern genau jetzt, genau hier. Diese von jedermann erlernbare Kunst setzt mächtige Gestaltungskräfte in Dir frei.

MIND-BLASE VERSUS ACHTSAMKEIT IM HIER UND JETZT

Während unserer Alltagsroutinen entwickeln wir nicht selten einen Tunnelblick und nehmen das Hier und Jetzt kaum noch bewusst wahr. Das menschliche Denken bewegt sich im Alltag häufig in einer Art Trancezustand und dabei überwiegend in problematisierenden Konstrukten – einer sogenannten „Mind-Blase", die nicht viel mit der Realität zu tun hat. Mit Hilfe bewussten Innehaltens und regelmäßiger Reflexion Deiner Erlebnisse, der jeweiligen Gedankenqualität und Deiner Emotionen hast Du nun die Gelegenheit, Dich aus dieser selbst erschaffenen Gedanken-Blase zu befreien, Dein Blickfeld zu erweitern und klarer zu sehen. Diese grundlegende Technik des Lernens aus Selbstreflexion in Verbindung mit Selbstexploration vernetzt Dein kognitives Wissen mit Deinem empfundenen Selbstbild und holt so auch möglicherweise schlummernde Widersprüche und durchaus kritische Fragen Deines inneren Dialogs hervor. Das angestrebte Selbstbild und eigene Verhalten können so überdacht und zielführendere Handlungsoptionen entwickelt werden. Am Ende dieses reflexiven Prozesses aus Beobachten, Fühlen und Explorieren darf allerdings der wesentlichste Punkt nicht ausgelassen werden: die Handlung! Also das daraus folgende tatsächliche Tun, das auch heißen kann, die Richtung und Qualität Deines Denkens zu verändern.

Wahrscheinlich ist es Dir bereits aufgefallen: Den Alltag immer und immer wieder von allen Seiten zu durchdenken und bloßes Ansammeln von Informationen auf intellektueller Ebene ändern rein gar nichts in Deinem Leben. Denn Dein echtes Leben findet außerhalb Deines Kopfes statt, Du nimmst es meistens nur nicht wirklich wahr.

Auf meiner nunmehr 25-jährigen Achtsamkeits-Reise habe ich einige Zeit damit zugebracht, das „Hier und Jetzt" für mich selbst, später in meiner Rolle als Coach dann auch für andere greifbar zu machen. Ein echtes Brett, wie ich feststellen durfte, und ein persönlicher Prozess, der bis heute nicht langweilig wird. Auf kognitiver Ebene redete ich mir ein: „Ist doch alles glasklar und easy", doch fühlte ich im alltäglichen Erleben eine Art von Flüchtigkeit, die mir keine Ruhe ließ. Wenn es doch so klar war, wieso fiel es mir dann offenbar nicht so leicht, dieses „Hier und Jetzt-Bewusstsein" aufzubauen – geschweige länger als nur gefühlt ein paar Millisekunden aufrechtzuerhalten? Kaum dachte ich: „So, mein liebes Hier und Jetzt, nun hab' ich Dich", war dieser Eindruck schon wieder verflogen. Ich persönlich führe es darauf zurück, dass es mir anfänglich kaum gelang, gedankliche Ruhe herzustellen und eine gewisse Zeit aufrechtzuerhalten. Nach meiner Erfahrung liegt ein zentraler Schlüssel in der Fähigkeit bewussten Gedankenmanagements und ist deswegen sicherlich auch Kern der allermeisten Achtsamkeitspraktiken.

WAS IST ÜBERHAUPT „BEWUSSTSEIN"?

Üblicherweise verhält es sich mit unserem Bewusstsein über das Hier und Jetzt wie mit einem im Wasser treibenden Eisberg. Wir nehmen in aller Regel nur den Teil des Eisbergs wahr, der deutlich sichtbar über der Wasseroberfläche schwimmt, und vermuten, es wäre alles. Dass der weitaus größere Teil des Eisbergs sich unter der Wasseroberfläche befindet, haben wir in aller Regel nicht auf dem Schirm, weil wir ihn nicht unmittelbar sehen, außer wir beschäftigen uns zum Beispiel in einem Kommunikationstraining gerade mit dem Eisbergmodell. Wie die Reise der Titanic endete, ist bekannt ...

Für mich einer der wesentlichen Gründe, der uns davon abhält, ein zufriedenes und erfülltes Leben zu führen, ist die Tatsache, dass wir zu selten im Hier und Jetzt leben, also uns und unsere Welt nicht wirklich bewusst wahrnehmen. Wir sind vorrangig damit beschäftigt, über das Gestern nachzugrübeln, wie belastet vielleicht unsere Kindheit war, welche Chancen wir verpasst oder ob wir in der letzten Begegnung einen guten Eindruck hinterlassen haben. Und wenn es nicht das Gestern ist, dann verbringen wir die restliche Zeit mit Befürchtungen und Sorgen, die wir ans Morgen knüpfen: Werde ich meine Arbeitsstelle, mein Einkommen, meine Besitztümer, mein An- und Aussehen, meine Gesundheit behalten? Wie schaffe ich es, mich weiterhin in ein gutes Licht zu rücken? Und noch vieles andere mehr. Und weil diese Gedankenmaschinerie, von der wir glauben, das wären wir, sich im Laufe unseres Werdens immer weiter verselbständigt, merken wir nicht, dass wir unser Leben, das eigentlich ausschließlich im Jetzt stattfindet, gar nicht wahrnehmen, wir es also im Grunde genommen nicht wirklich leben bzw. nur in einem wenig sinnvollen Autopiloten-Modus. Für mich war das eine echt heilsame Hallo-wach-Erkenntnis, mir darüber bewusst zu werden, dass ich eigentlich überwiegend im gedanklichen Kopfkino im Kreis renne und dabei glaube, es wäre mein reales Leben.

Das menschliche Dilemma einer nicht bewusst kanalisierten geistigen, mentalen, intellektuellen Power scheint es zu sein, dass wir dieselben gedanklichen Schleifen immer wieder drehen, indem wir Illusionen vor- oder nachträumen, während unser echtes Leben überwiegend unbemerkt an uns vorüberzieht. Sollten wir unser Leben nicht besser leben – anstatt es nur zu denken?

IM JETZT SIND ALLE PROFIS UND MEISTER ZUHAUSE

Von einem befreundeten Quantenphysiker hörte ich mal die interessante Theorie, dass es eigentlich nur das Jetzt gibt und alles (also Vergangenheit und Zukunft) gleichzeitig passiert. Unser beschränktes Bewusstsein ist allerdings nicht in der Lage, das so wahrzunehmen und sinnvoll zu verarbeiten. Deshalb nutzen wir die Krücke des Faktors Zeit, um dieses unendliche Jetzt in verdauliche Häppchen unterteilen und Geschehnisse zuordnen zu können.

Im Alltag haben die meisten von uns dahingehend kaum einen effektiven Hebel, weil uns a) in der Regel niemand beigebracht hat, diese Zusammenhänge zu verstehen und entsprechend zu handeln, und b) wir privat und beruflich getrieben und gedanklich in viele Richtungen zerfasert sind. Aufmerksamkeit für das, was gerade wirklich ist, stellt jedoch eine lohnende Beschäftigung dar, mit deren Anwendung wir Gestaltungsmacht über unser Leben und unser Glücklichsein erlangen. Auf genau diese Weise praktizieren es seit Menschengedenken sogenannte „Meister“ auf der ganzen Welt und sind zuhause im Jetzt, diesem zeitlosen, unendlichen Raum.

Aufmerksamkeit als ein Bestandteil der Achtsamkeit ist Voraussetzung dafür, dass wir überhaupt mitbekommen, was in unserem Leben abläuft und warum. Nimm Dich selbst und Deinen Alltag ab heute aufmerksam mit allen Sinnen wahr und lasse diese Wahrnehmung optimalerweise neutral und frei jedweder Bewertung einfach so stehen. Nutze Deine Sinne: Sinnlich sein und sinnvoll leben bedeutet in diesem Kontext, Dein Leben, Deinen Alltag mit allen Sinnen zu leben – also all Deine Sinne voll zu leben. Und diese Sinne gehen weit über das gewöhnliche Hören, Sehen, Riechen, Schmecken und Fühlen hinaus. So lässt sich in entsprechenden bildgebenden Verfahren auch schon lange die individuelle Ausdehnung unseres Körpermagnetfeldes als Basis unserer feinstofflichen Wahrnehmungsantennen physikalisch nachweisen.

BIOFEEDBACK NUTZEN

Dein Jetzt kannst Du Dir recht easy erfahrbar machen, indem Du z. B. lernst, Deinen eigenen Puls wahrzunehmen. Ein schöner Nebeneffekt dieser Übung ist, dass Du Dich im Alltag innerhalb weniger Minuten tief entspannen lernst. Normalerweise entziehen sich Dir im Tagbewusstsein innere Funktionen und Regulierungsvorgänge des Körpers, wie z. B. Atemfrequenz, Darmperistaltik, Lymphfluss, Spannungszustände der Muskulatur oder der Puls. Biofeedback ist eine wunderbare Möglichkeit, Körpersignale, die sonst mit elektronischen Hilfsmitteln gemessen werden, auch mal ohne technische Gerätschaften bewusster wahrnehmen zu lernen, um dann im nächsten Schritt auch einen gewissen Einfluss auf den jeweiligen Regelkreis zu nehmen. So lassen sich mögliche Ungleichgewichte eigenständig ausbalancieren. Es handelt sich dabei um etablierte Methoden des Mentaltrainings, die beispielsweise im Spitzensport, in Rehabilitation und Verhaltenstherapie in die Coachingarbeit einfließen. Über moderne Apps können heutzutage sowohl Profis als auch interessierte Laien z. B. ihre persönliche Herzratenvariabilität (HRV) checken und die Wirkungen bestimmter

Alltagssituationen oder passender Übungen tracken. Zu dem spannenden Thema der HRV erfährst Du später mehr. Unser Puls gibt uns auf jeden Fall sehr gut Auskunft darüber, wie es um unseren Entspannungs- oder Spannungszustand bestellt ist. Sind wir in Wohlbefinden, Ruhe und Entspannung, ist unser Puls meist analog niedrig und gleichmäßig. Demgegenüber führen Aufregung, Nervosität, Ärger, Druck und Stress zu einem entsprechenden Spannungs- und Pulsanstieg.

EIN SCHALLENDES „JA" ZUM JETZT

Auf dem individuellen Pfad der Achtsamkeit kann ein großes Geschenk sein zu entdecken, dass der gegenwärtige Augenblick nicht etwa Dein Feind, sondern Dein Freund ist. Im Jetzt ist überwiegend alles in Ordnung. Probleme fangen in der Regel erst mit den üblichen Grübeleien an, die nicht das Hier und Jetzt sind. Indem Du Dich gedanklich gegen eine gegenwärtige Situation stemmst und vorgibst woanders lieber sein zu wollen, als genau dort, wo Du jetzt gerade bist, lebst Du die wirksamste Methode zum unglücklich Sein. Zufrieden wirst Du meiner Überzeugung nach mit einem klaren „Ja" zu Deinem Jetzt. Was mit einschließt, dass wir gemeinsam parallel daran arbeiten, Deine jeweilige Situation weiterzuentwickeln und in Richtung Deiner Visionen zu verändern. Jedoch nicht über ein „Nein" zum Jetzt, denn dadurch erhältst Du genau diese Situation aufrecht, weil Du sie unbewusst energetisch nährst. Sondern immer auf Basis eines „Ja" zum Jetzt. Ein scheinbarer Widerspruch in sich, doch beides ist gleichzeitig möglich und nötig, also ein „Ja" zum Jetzt und aus dieser positiven Energie heraus gewünschte Veränderungen initiieren. Dies ist und bleibt ein zentraler Fokus über den gesamten Coachingprozess.

6

MUT UND VERTRAUEN ALS DER ANFANG VON ALLEM

Aus welchem Grund Du zur Stärkung Deines Mutes und Vertrauens Coaching ins Kalkül ziehen solltest:

Eine hilfreiche Mentalität zum Erreichen von Zielen lautet: „Es gibt nichts Gutes, außer Du tust es". Zum wirklichen Tun braucht es allerdings manchmal eine Prise Mut und Vertrauen, um aus gewohnten Mustern auszusteigen und Neues zu wagen. Genau hierbei wird Dein Coach Dich unterstützen, damit Du die nötigen Skills und Einstellungen in Deiner Persönlichkeit etablieren und bei Bedarf abrufen kannst.

VERTRAUEN

Die Beschäftigung mit dem Thema Vertrauen umfasst für mich (mindestens) zwei Ebenen, nämlich eine Innenperspektive („ich") und eine Außenperspektive („die anderen"), die sich nicht wirklich voneinander trennen lassen.

Außenperspektive

Wenn eine Führungskraft beispielsweise einen Satz sagt, wie: „Ich würde meinen Mitarbeitern ja gerne vertrauen, aber wer garantiert mir, dass das gut geht?", dann schaut die Führungskraft von außen auf „die anderen" und erliegt dem Irrglauben, sich vom Ergebnis trennen zu können. Wahrscheinlich kennst Du auch solche Wenn-dann-Verknüpfungen. Beim Thema Vertrauen funktioniert es in dieser Reihenfolge leider nicht. Bedeutet Vertrauen doch im Grunde: in Vorleistung gehen, ohne erst mal zu wissen, ob es tatsächlich „gut geht“, und dies auch gar nicht in befürchtenden Gedankenmustern zu kreieren.

Dieser Leitsatz gilt in jeglichem menschlichen Miteinander, seien es Eltern-Kind-Beziehungen, Partnerschaften, Freundschaften und zu 100 % auch in der Mitarbeiterführung. Natürlich braucht keine Führungskraft nun nachts gutgläubig die Tresortüre offenstehen lassen, weil sie doch vertrauen soll. Gemeint ist vielmehr eine achtsam-konstruktive Einstellung mit Sinn und Verstand, im Rahmen klarer Absprachen und immer abhängig vom individuellen Reifegrad Deiner Mitmenschen. Grundsätzlich gilt jedoch die Devise: Wer nicht vertraut, dem vertrauen andere auch nicht. Im Grunde ein einfaches Spiel. Vertrauen ist immer der Anfang von allem.

Innenperspektive

Wusstest Du, dass der eigene Umgang mit dem Thema Vertrauen untrennbar mit Persönlichkeitsaspekten wie „Selbst-Vertrauen“ und „Selbst-Wert“ verknüpft ist? Individuelles Coaching leistet hier sehr gute Dienste, Dich selbst und dadurch automatisch andere besser verstehen zu lernen, eventuelle emotionale Verletzungen und behindernde Glaubenssätze sukzessive loszulassen und durch sinnvollere zu ersetzen. Und vielleicht (nach meiner Erfahrung: ganz bestimmt) öffnet sich dadurch die Tür zu einer Art von „Gottvertrauen“ und der selbsterfüllenden Vorannahme, dass das Leben es überwiegend ziemlich gut mit uns meint. Ein schöner Gedanke, nicht?

Die häufig anzutreffende Zurückhaltung, neue Wege zu gehen, was eine Grundvoraussetzung für Fortschritt ist, resultiert nach meiner Beobachtung aus einem grundsätzlichen Mangel an Vertrauen. Sei es mangelndes Vertrauen in uns selbst, in andere Menschen oder in die Welt an sich. Vertrauen bedeutet von der Wortbedeutung her ja auch, mich (etwas) zu trauen, also mir selbst zu (ver)trauen. Und in Momenten des (Selbst-)Zweifels geben wir uns unbewusst auch selbst keinen Wert.

Mangelndes Selbst-Vertrauen (aus mangelndem Selbst-Wert) versucht, unser Ego zu kompensieren, indem es sich durch materielle oder intellektuelle Überlegenheit größer machen und aufplustern möchte. In diesem Modus ist das Ego dann geneigt, auf andere Menschen herabzuschauen, die vielleicht erfolgloser, mittelloser, kränker oder weniger intelligent zu sein scheinen als wir selbst. Doch der eigentliche Durst nach Selbst-Vertrauen und Selbst-Wert wird über das Außen niemals gestillt. Der Schlüssel liegt in unserem Innern.

MUT

Die Wiege unserer Angst ist auch die Quelle für unseren Mut. Wenn ich im Weiteren über „Angst" spreche, meine ich nicht die nachvollziehbare Angst um Leib und Leben, wenn wir in einem brennenden Haus stehen oder der berühmte Säbelzahntiger uns fressen will, sondern eine oft irrationale Angst, die uns bei z. B. überfälligen (Lebens-)Entscheidungen in einem persönlichen Treibsand gefangen hält. Es geht also mehr um einen spezielleren Teilaspekt im Kontext zu (Business-)Themen, wie beispielsweise Entscheidungs- und Umsetzungsschwäche. In diesem Kontext steht Angst in direkter Verbindung zu fehlendem Selbst-Vertrauen und Selbst-Wert und tangiert damit maßgeblich unseren Mut. Fehlender Mut wird dadurch getriggert, dass unser Ego bei einem eventuellen Scheitern stets auch Gesichtsverlust befürchtet. Und in dieser befürchtenden, defizitorientierten Denkweise schmälert ein Gesichtsverlust automatisch unser Ansehen und in der Folge unseren Wert als Mensch – so erscheint es uns jedenfalls. Unseren Mitmenschen in der gleichen Situation würden wir wahrscheinlich gut zureden und vermitteln wollen, dass man doch aus Fehlern nur lernen kann und eine Niederlage oft die Grundlage für künftigen Erfolg darstellt. Sobald es uns selbst betrifft, sieht die Welt schnell anders aus. Wichtig zu wissen ist, dass all dies nichts mit Intellekt zu tun hat, sondern zigtausend Jahre Evolution uns hier in den Knochen stecken. Denn in früheren Zeiten war ein Gesichtsverlust nicht selten gleichbedeutend mit Ausgrenzung und dem sicheren Tod außerhalb einer schützenden Gemeinschaft. Aus diesem Grund werden Themen rund um Selbstvertrauen und Selbstwert oft auch von intensiven Emotionen begleitet.

WAS SCHON DIE ALTEN GRIECHEN WUSSTEN

Im Zuge langjähriger Beschäftigung mit der Naturheilkunde und später mit verschiedenen Schulen der Persönlichkeitsanalyse war für mich eine sehr spannende Erkenntnis, dass Hippokrates von Kos als berühmtester Arzt und Gelehrter des Altertums bereits vor etwa zweieinhalbtausend Jahren in seiner Viersäftelehre das Fundament zu verschiedenen heutzutage etablierten Persönlichkeitsmodellen schuf. In präzise beschriebenen vier Konstitutionstypen wurden so auch individuelle Urängste identifiziert, die sich im jeweiligen Verhalten widerspiegeln, die Einfluss auf Gesundheit bzw. Krankheit nehmen, z. B. das Zusammenspiel von Organsystemen, Psyche und Körpersäften, und die vor allem auch heute noch im Coaching relevant sind.

Es handelt sich bei diesen Konstitutionstypen um die nachfolgenden Urängste,

» ... bezwungen zu werden (Choleriker)
» ... benachteiligt zu werden (Sanguiniker)
» ... allein zu sein (Phlegmatiker)
» ... kritisiert zu werden (Melancholiker)

Im Coaching begegnen uns Urängste auch in Form der inneren Antreiber und deren unheilvollen individuellen Glaubenssätzen. Diese Antreiber und Glaubenssätze sind ebenfalls eng mit dem Thema Selbstwert und der Angst vor Gesichtsverlust und Ausgrenzung verknüpft. Die bewusste Bearbeitung und Justierung persönlicher Glaubenssätze und Antreiber gemeinsam mit einem erfahrenen Coach kann für einen selbst und im Kontakt mit anderen Menschen wahre Wunder bewirken – besonders was Themen wie Mut, Selbstvertrauen und Selbstwert angeht.

WIE DU MUT UND UMSETZUNGSSTÄRKE ENTWICKELN KANNST

Eine wunderbare Methode, die mir in meinem Leben schon oft bei der Bewältigung beruflicher und persönlicher Projekte sehr nützlich war, nenne ich „Goldenes Kräftedreieck". Dessen Bewusstmachung versetzt Dich in die Lage, trotz eventuell bestehender Ängste und Befürchtungen eine bestmögliche Handlungsfähigkeit zu erreichen – und aus vorübergehender Starre wieder in die Umsetzung zu kommen. Das Modell besteht aus den drei Komponenten: Aufmerksamkeit, Eigenverantwortung und Eigeninitiative, die ich Dir nachfolgend kurz skizziere.

Der erste Grundpfeiler des Goldenen Kräftedreiecks ist die **Aufmerksamkeit** – als wesentliches Element der Achtsamkeit. Sie ist Voraussetzung dafür, dass Du überhaupt mitbekommst, was in Deinem Leben abläuft und warum. Hierzu braucht es die Entscheidung, wach und offen zu sein und das Hauptaugenmerk auf das Hier und Jetzt in all seinen Facetten richten zu wollen. Alle Antworten und Lösungen liegen stets in Deinem Jetzt. Dazu eine kleine Alltagsroutine, die Du anwenden kannst, um schnell ins Jetzt zu kommen:

Nimm Dich selbst und Deinen Alltag genau jetzt aufmerksam mit all Deinen Sinnen wahr und lasse diese Wahrnehmung optimalerweise neutral und frei jedweder Bewertung einfach so stehen. Nutze dazu Deine Sinne. Sinnlich sein und sinnvoll leben bedeutet in diesem Kontext, Dein Leben, Deinen Alltag mit allen Sinnen zu leben – also all Deine Sinne voll zu leben. Deine Sinne gehen über das gewöhnliche Hören, Sehen, Riechen, Schmecken und Fühlen weit hinaus.

Lenke Dein Bewusstsein jetzt in diesem Moment einmal auf Folgendes: Spürst Du den Boden und dessen Beschaffenheit unter Deinen Füßen? Spürst Du die Berührung Deines Gesäßes und Deines Rückens zu Deinem Stuhl, spürst Du die genauen Auflagepunkte, sind sie gleichmäßig? Wie fühlen sich Deine Muskeln an, sind Deine Schultern entspannt? Wie nimmst Du Deine Atmung wahr? Kommt Dein Atem in Deinem Bauch an oder atmest Du eher flach und hast die Brust- und Bauchmuskulatur leicht angespannt? Wie liegt Deine Zunge in Deinem Mund? Beißt Du gerade die Zähne aufeinander? Hast Du Deine Stirn gerunzelt oder ist sie glatt und entspannt? Wie nimmst Du die Temperatur an Deinem Aufenthaltsort wahr? Welche Geräusche hörst Du in diesem Moment, Straßenlärm, Stimmen, Vogelzwitschern, Windgeräusche? Was riechst Du? Kannst Du die Atmosphäre des Raumes um Dich herum fühlen? Nimmst Du den Stift in deinen Händen (die Computermaus o. Ä.) wirklich wahr, sein Gewicht, die Beschaffenheit, die Kontur und Farbe? Was sagen Dir Deine Organe? Hast Du Durst oder Hunger? Welche Impulse empfängst Du sonst noch aus Deiner Welt? Nimm Dich und Deine Welt mit allen Sinnen wahr, sei aufmerksam, fühle in Dein Jetzt und bewerte nicht. Und falls Du gerade etwas isst/trinkst, nimm Verbindung mit Deiner Speise auf. Nimm den Duft und den Geschmack aufmerksam wahr.

Und in dieser Offenheit, Ausdehnung und Entspannung höre aufmerksam hin, welche Lösungen und Antworten Dir Deine zarte innere Stimme auf Deine Fragen mitteilt. Nicht immer nur in deutlichen Worten, oft auch über (Körper-)Empfindungen, Intuition und innere Gewissheit.

Der zweite Aspekt, nämlich das Prinzip der **Eigenverantwortung**, ist vielleicht einer der anspruchsvollsten im gesamten Feld der Persönlichkeitsentwicklung. Eigenverantwortung bedeutet in unserem Kontext des Goldenen Kräftedreiecks das Einnehmen der Perspektive, dass Du Dir als verantwortlicher Schöpfer Deiner Welt alles, was Dir begegnet, auf irgendeiner

Ebene Deines Seins selbst kreiert und Dich dafür entschieden hast. Du also für alle positiven wie auch alle negativen Erfahrungen Dein eigener Magnet bist. Bei den schönen Alltagserlebnissen fällt das üblicherweise leichter als bei den „doofen" und das ist auch allzu menschlich. In dem oben genannten Bewusstsein gibt es allerdings keinen „bösen anderen" mehr, der für irgendetwas verantwortlich ist, was Dir widerfährt und was Dir vielleicht nicht gefällt. Und genau darin liegt auch die Power. Im Blickwinkel des Goldenen Kräftedreiecks gibt es nur Dich selbst als Urheber Deiner Erfahrungswelt. Andere Menschen sind darin so etwas wie „Erfüllungsgehilfen", man könnte auch sagen Komparsen für Dein persönliches Theaterstück. Genau wie Du umgekehrt ein Erfüllungsgehilfe für deren persönliche Aufführung bist. Das Wunderbare an dieser Sichtweise ist, dass damit immer Du selbst derjenige bist, der Dein Leben von Grund auf verändern kann. Du brauchst auf dieser Metaebene des Bewusstseins niemanden wirklich, um Deinem Leben eine neue Wendung zu geben, (nur) Du kannst es allein. Und trotzdem bleibt es ein großes Geschenk, Erfahrungen mit anderen teilen zu können, indem Du Dich in Beziehung zu anderen Menschen selbst erfährst. Das ist die Bedeutung des Begriffs „Beziehung". Auf der operativen Handlungsebene wird es dann selbstverständlich Menschen geben, die Dich in Deinen Vorhaben tatkräftig unterstützen. Doch zuallererst macht es größten Sinn, Deine Einstellungen und Glaubenssätze in Richtung Eigenverantwortung zu klären und dabei auch Deinen Eigenanspruch zu definieren. Der **Eigenanspruch** steht noch über den drei hier beschriebenen Dimensionen und verwandelt (erweitert) das Goldene Kräftedreieck in einen hochenergetischen Tetraeder.

Beim dritten Aspekt der **Eigeninitiative** geht es um Folgendes: Bekanntermaßen ist der Weg zur Hölle mit guten Vorsätzen gepflastert, was die meisten im Zusammenhang mit Silvester kennen. Wenn Du Dir also etwas vornimmst, dann solltest Du das sinnvollerweise auch wirklich umsetzen. Mit der Einstellung „Ich fange morgen damit an" wirst Du schwerlich vorwärtskommen. „Morgen“ ist immer der Tag, den Du nie erreichen wirst, weil es niemals „jetzt“ ist und in Deinem erdachten „morgen“ dasselbe Spiel von vorne beginnt. Deshalb versuche es doch mal folgendermaßen:

» **Kernfrage A: Was will ich?** Nimm dazu im ersten Schritt mittels Deiner Aufmerksamkeit wahr, dass es da etwas in Deinem Alltag gibt, was Dir beispielsweise nicht gefällt und was Du gerne ändern möchtest.
» **Kernfrage B: Was bin ich bereit, dafür zu tun?** Im zweiten Schritt mache Dir in deiner Eigenverantwortung bewusst, dass Dir dies deswegen widerfährt, weil Du in dieser Betrachtungsweise einen wie auch immer gearteten Anteil daran hast (sei es durch eine Handlung oder durch eine Nicht-Handlung/Unterlassung) – ob Du es in diesem Moment klar zuordnen kannst oder nicht, spielt keine Rolle. Die Suche nach einem „Schuldigen“ wird Dich nicht weiterbringen.
» **Kernfrage C: Was genau tue (lasse) ich jetzt?** Im dritten Schritt gilt es jetzt, eigeninitiativ alles Dir Mögliche zu tun, damit sich die Situation dergestalt verändern kann, wie Du es Dir wünschst. Du machst also noch im selben Moment den ersten Umsetzungsschritt – egal, wie klein dieser erscheinen mag. Viele kleine Schritte führen automatisch zum Ziel. Und selbstverständlich kannst Du Dir jede denkbare Unterstützung dazu holen, durch die Du es Dir leichter machen kannst, z. B. Chef, Kollegen, Freunde, Lebenspartner, Coach etc.

Falls all das für Dich anspruchsvoll klingt, keine Bange, gemeinsam gehen wir in unserem Coaching Schritt für Schritt durch diesen wunderbaren Erkenntnisprozess und Du wirst sehen, dass sich alle Puzzleteile zu einem wunderschönen Bild zusammenfügen.

7

KLARHEIT DURCH KLÄRUNG – DEIN TURBO FÜR DEN ALLTAG

Aus welchem Grund Du zur Steigerung Deiner Klarheit Coaching ins Kalkül ziehen solltest:

Mit jeder bewusst getroffenen Entscheidung richtest Du Deine Energien klar aus und holst dadurch Deine Wünsche und Ziele aktiv in Deine Welt. Parallel erschaffst Du Dir am laufenden Band Erfolgserlebnisse und stärkst so Deinen Selbstwert. Dein Selbstwert ist entweder die Quelle Deiner Kraft und Inspiration – oder Urheber gefühlt niemals endender, frustrierender Teufelskreise.

WARUM DENN EIGENTLICH NICHT?

Im Grunde setzt das Thema Klarheit und Klärung nahtlos am vorherigen Thema Mut und Vertrauen an. Denn im Zuge des Aufbaus von Mut und Vertrauen entwickelt sich nach meiner Erfahrung fast zwangsläufig ein Bedürfnis nach Klarheit und Klärung. So verbindet sich der Bereich Mindfulness mit Aspekten effektiven Selbstmanagements. Weshalb sollte Dir dies nützlich sein? Die sinnvollere Frage könnte lauten: Warum denn eigentlich nicht? Eine auf Klärung fokussierte, stets wohlwollende Selbstreflexion eröffnet fast automatisch neue Ebenen der persönlichen Klarheit und wird so Deinen Gedanken, Worten und Handlungen auf kraftvolle Weise den Ausdruck verleihen, nach dem Du Dich vielleicht schon lange von

Herzen sehnst. So ist Klarheit nach meiner Überzeugung einer der machtvollsten Schlüssel für die Gestaltung der eigenen Welt – sei es die in unserem tiefsten Innern oder die im Außen.

Da Du diesen Passus liest, beschäftigst Du Dich wahrscheinlich regelmäßiger mit Achtsamkeitsthemen und kennst vielleicht das auch schon aus eigener Erfahrung, was Menschen beschreiben, die sich tiefergehender reflektieren: Ein subtiles Empfinden, als würdest Du sukzessive aus einem lange währenden Tiefschlaf erwachen und die Welt klarer sehen. Regelmäßige Selbstreflexion ermöglicht Dir eine bewusste Bereinigung vorher ungeklärter Themen in Beruf und Privatleben und hilft Dir, die vielfältigen Alltagstrancen zu durchbrechen, Dich besser zu erkennen und ans Wesentliche im Leben zu erinnern. Diese Art von „Erkennen“ hat glücklicherweise nichts mit dem IQ oder einem beeindruckenden Lebenslauf zu tun, sondern spielt sich auf einer geerdeten Ebene des Menschseins und persönlicher Gewissheit ab. Gewissheit ist eine sanfte und gleichzeitig glasklare Information auf einer spezifischen Wissensebene, die über feine Empfindungen in Deinem Herzen schwingt und auch (nur) dort wahrnehmbar ist. Es bedarf etwas Übung, um diese zarte Stimme wieder hören und decodieren zu können, was Du als Kind schon beherrscht hast.

Ich persönlich erachte es als überaus sinnvoll und hoch professionell, auch und besonders in unserem stark intellektuell geprägten und eher „kühleren“ Businesskontext, die Dimension unserer Empfindungen und inneren Stimme wieder klarer ins Bewusstsein zu holen. Hier liegt nach meiner Überzeugung ein immenses Potenzial brach, das darauf wartet, genutzt und zum Wohle des großen Ganzen eingesetzt zu werden.

KLARHEIT DURCH VERSUCH UND IRRTUM

Vorausgeschickt steht außer Frage, dass in einem beispielsweise stark regulierten Businesskontext fachliche Entscheidungen immer unter Beachtung geltender Risikostandards und relevanter dienstlicher Anweisungen zu erfolgen haben. Und doch gibt es nach meiner Erfahrung – auch bei vorausgesetzt 100-prozentiger Beachtung geltender Regularien und Prozesse – immer wieder Situationen, in denen wir „so oder so" entscheiden könnten. Besonders in einer agilen Arbeitsweise, wo sich das Zielbild oft unterwegs kreiert, gilt es umso öfter, der eigenen Intuition zu folgen und im Sinne von Trial and Error mutige Entscheidungen zu treffen, um der „idealen Lösung" möglichst nah zu kommen.

Und auch mit Blick auf Dein Leben als Gesamtes ist bei der Bearbeitung persönlicher Baustellen ein durchaus sinnvoller dreistufiger Vorgehensmodus:

» Entscheidung treffen
» Aufmerksam wahrnehmen (beobachten), was sich daraus entfaltet
» Gegebenenfalls eine neue (oder weitere) Entscheidung treffen

Je mehr Du dieses Vorgehen tatsächlich anwendest und Dich gedanklich nicht zu lange über „richtig und falsch" im Kreis drehst, umso klarer erkennst Du, wie viel Freude es bereitet, Entscheidungen bewusst zu treffen, und welche Dynamik dadurch in Dein Leben einzieht. Und so versteht sich das nachfolgend Beschriebene als Anregung zur Selbstreflexion mit einem übergeordneten Blick auf Dein Leben als Gesamtkunstwerk. Aus einer solchen Adlerperspektive, die manchem Leser vielleicht eher philosophisch erscheinen mag (die jedoch um einiges alltagsrelevanter ist, als es zunächst den Anschein erweckt), brauchst Du keine Angst zu haben, falsche Entscheidungen zu treffen. Denn die meisten Entscheidungen können durch neue wieder modifiziert werden. Wenn überhaupt, dann solltest Du Angst davor haben, zu wenig bis gar keine Entscheidungen zu treffen, denn dann wirst Du Deinen Alltag mit großer Wahrscheinlichkeit als zäh, unbefriedigend und unerfüllt erleben.

Ein wichtiger Parameter, der mir persönlich hilft zu erkennen, ob ich auf dem für mich passenden Weg bin, ist die Frage: „Wie fühle ich mich bei dem, was ich gerade tue?“ Sollte ich mich dabei nicht gut fühlen, kann ich nach einer Phase achtsamer Selbstreflexion einfach neue Entscheidungen treffen und beobachten, was dann weiter passiert. Das ganze Leben dreht sich eigentlich wiederkehrend um ein paar wenige Kernfragen:

1. Was will ich (wirklich)?
2. Was bin ich bereit, dafür zu tun (oder zu lassen)?
3. Was genau tue ich jetzt?
4. Wie fühle ich mich mit dem, was ich tue?
5. ... und wieder von vorne beginnen ...

Ein solcher „Fahrplan“ verschafft Dir wertvolles Handwerkszeug, um den Alltag nach Deinen Wünschen und Vorstellungen zu gestalten.

NUTZE DAS RESONANZPRINZIP

In der Physik eigentlich ein alter Hut – doch für Dein Leben unverändert machtvoll ist das Resonanzprinzip. Hierzu ein Beispiel: Schlägst Du eine Stimmgabel neben einer Gitarre an, so wird genau diejenige Saite erklingen, die auf derselben Frequenz wie die Stimmgabel schwingt (umgekehrt funktioniert es genauso). Auf diese Art wirken auch Deine Gedanken, Deine Worte und Deine Handlungen, die allesamt physikalisch messbare Schwingungen produzieren, über die Du (meist unbewusst) Deine Wirklichkeit bestimmst. Entweder treten andere Menschen und Situationen mit Dir in Resonanz und erscheinen in Deinem Leben, weil Du sie wie ein Magnet anziehst, oder Du selbst reagierst und handelst entsprechend, wenn Du mit fremden Schwingungen in Resonanz gehst.

Das, was Du wahrnimmst, ist dabei stets nur ein kleiner Teil eines komplexeren Gebildes. Und zwar der Teil, den Du auf Deiner eigenen Stimmgabel bzw. den Saiten Deines Instruments gerade zulassen kannst. Trotzdem ist es immer Deine eigene Resonanzfähigkeit und Magnetkraft, die dazu führt, dass die Menschen und Situationen in Dein Leben treten, die Du anziehst, deren Frequenz also Deiner eigenen Schwingung entspricht – oder umgekehrt, wenn Du mit der Schwingung anderer in Resonanz gehst (es in der Regel unbewusst zulässt).

Hierzu wieder ein kleines Beispiel: Stell Dir vor, Du bist eigentlich in guter Stimmung, doch plötzlich wirst Du von einem Kollegen so richtig übellaunig angepflaumt. Die wahrscheinlichste Reaktion wird sein, dass Du reflexartig „zurückpflaumst“ und dieser gefühlten Ungerechtigkeit Ausdruck verleihst. Nachdem Du zurückgeschossen hast, wirst Du eventuell merken, dass Deine Laune sich dabei spontan verschlechtert hat, denn was fällt diesem Depp auch ein, Dich einfach so anzumeckern?! Check! In genau diesem Moment bist Du mit der gereizten Schwingung Deines Gegenübers unbewusst in Resonanz getreten, Deine Gute-Laune-Energie wurde durch eine destruktivere Schwingung überlagert und wirkt nun energiezehrend in Dir weiter. Frage Dich nun selbst: War es das, was Du wirklich erreichen wolltest? Wie bewusst oder unbewusst möchtest Du künftig mit diesem Prinzip arbeiten? Denn funktionieren tut es in beide Richtungen: Resonanz also lieber aktiv selbst erzeugen – oder passiv erdulden?

GENAU HIER ENTFALTET ACHTSAMKEIT GROSSE WIRKUNG

Willst Du Neues in Dein Leben holen, brauchst Du „einfach nur“ Deine Schwingung zu ändern, also zum Beispiel die Farbe und den Klang Deiner Gedanken, Worte und Handlungen. Und dies wird möglich, indem Du Dich klar dazu entscheidest. So ist Dein Heute der Ausdruck (die Resonanz) der Entscheidungen – und auch Nicht-Entscheidungen, die Du gestern getroffen hast. Dein Morgen ist davon abhängig, wie Du Dich im Hier und Jetzt entscheidest, und diese Entscheidung kontinuierlich mit der nötigen Energie auflädst. Du kannst Deinem privaten und beruflichen Leben in jeder Sekunde eine neue Richtung geben – unabhängig davon, in welchen Lebensumständen Du Dich gerade befindest. Begrenzungen erfährst Du lediglich in Befürchtungen, die gedankliche Konstrukte Deiner Erfahrungen, Prägungen und Glaubenssätze sind. Deshalb ist professionelles Coaching mit individueller Glaubenssatzarbeit ein so wirkungsvoller Weg der Selbsterkenntnis und zu selbstbestimmtem Handeln. Dabei unterstütze ich Dich mit all meinem Know-how, denn diese Strategie mag zwar simpel klingen, doch glaube mir, es braucht hierbei regelmäßiges Üben und Reflexion.

EIN POETISCHER BLICK AUF DAS WESEN DER KLARHEIT

„Klarheit ist Ausdruck göttlicher Liebe.

Klarheit bewirkt einen ungehinderten Energiefluss und ist die effizienteste Art des Umgangs mit den eigenen Ressourcen.

Un-Klarheit erschafft Missverständnisse und manifestiert Widerstände im Lebensenergiestrom.

Somit setzt Klarheit immense Kräfte frei.

Wer klar ist, hat die Dunkelheit durchschritten
und sieht das Licht.

Klarheit gibt Sicherheit und erlöst hemmende Kompliziertheit.

Klarheit erschafft Raum für Neues.

Und auch wenn Klarheit Weite und Raum erschafft,
so ist dieses Licht bei gezielter Fokussierung in der Lage,
Diamanten zu zerteilen.

So kann Klarheit wie eine gute Klinge rasiermesserscharf und
im subjektiven Empfinden ‚gnadenlos' sein.

Doch genau das ist ihre Gnade, indem sie Wissen von
Unwissenheit trennt und dadurch Licht ins Dunkel bringt.

Und wenn Klarheit ‚schneidet', dann nicht um zu verletzen,
sondern um Dich zu beschützen und Dein Herz zu befreien.

Wer klar ist, wird von unklaren Menschen oft als unangenehm
und bedrohlich wahrgenommen, weil er sie nicht in ihren
destruktiven Mustern bestätigt, sondern sie an ihre Fähigkeit zur
Veränderung und die Notwendigkeit von Entscheidung erinnert.

Die Energie der Klarheit lädt dazu ein, in diesem Licht und dieser
Ausrichtung mitzuschwingen und in Entwicklung zu gehen.

Auch wartet die Klarheit stets wohlwollend und geduldig auf
Dich, bis Du den Mut entwickelt hast, Dich ihr zuzuwenden.

So wirst Du schließlich erkennen, dass sie
schon immer in Dir wohnte.

Wie Eis, das in der Sonne schmilzt, so transformiert Klarheit die Dunkelheit in Licht – und Schwere verwandelt sich in Leichtigkeit, Traurigkeit in Freude.

Wahrhaftige Klarheit schwingt jenseits der Polarität von ‚gut' und ‚böse', ‚schön' und ‚unschön' oder ‚richtig' und ‚falsch'.

Sie ist nicht emotional besetzt, sondern neutral – auch wenn sie in unklaren Menschen Emotionalität und Unbehagen auslösen kann.

Dies ist eine Orientierungshilfe zum besseren Erkennen.

Die Energie von Klarheit schmeckt nach Frische und Reinheit, wie das wundervoll kühle Nass eines plätschernden Bergbachs, der sich manchmal in einen reißenden Strom verwandelt und alle Hindernisse fortspült.

Klarheit lebt durch klare Entscheidungen.

Jeder Kompromiss dämpft dieses Licht.

Eine klare Entscheidung kann auch heißen, sich jetzt (noch) nicht zu entscheiden.

Klarheit ist reines Bewusstsein – und Bewusstsein ist Liebe, ist Licht.

Klarheit ist pures Sein.

Klarheit ist."

Chun Tong Ming

8

AUTHENTIZITÄT – EINFACH ICH SEIN, ODER?

Aus welchem Grund Du für Deine Authentizität Coaching ins Kalkül ziehen solltest:

Du bist viel mehr als Äußerlichkeiten, mehr als Deine Bewertungen, mehr als Deine gelebten Rollen, mehr als Dein Berufsbild und Besitztümer, mehr als alle Gedanken, mit denen Du Dir oft das Leben schwer machst. In Wahrheit bist Du das, was hinter all dem steht. Das, was Dir genau diese Reflexion in dieser Sekunde ermöglicht. Du bist reines Bewusstsein, dass sich in der Polarität von scheinbaren Gegensätzen und einem nach meiner Überzeugung begnadeten Ursache-Wirkungs-Spiel im Menschsein Schritt für Schritt seiner selbst bewusst wird. Und auch in Deiner scheinbaren Unvollkommenheit bist Du gerade deshalb vollkommen, weil Du genau so bist, wie Du bist.

WAS DEIN ICH-SEIN (SCHEINBAR) ERSCHWERT

Die meisten von uns machen sich im Allgemeinen wenig Gedanken darüber, ob sie ihr Leben auch wirklich „echt" und „authentisch" leben. Die Routinen des Alltags lassen uns überwiegend im Modus „Funktionieren" agieren – und dies in bester Absicht, möchten wir doch den vielfältigen Ansprüchen und Erwartungen unserer Umwelt gerecht werden. Wen wir in diesen Alltagsroutinen und damit einhergehenden Alltagstrancen jedoch meist aus dem Auge verlieren, sind wir selbst. Damit meine ich unsere ureigensten Bedürfnisse aus persönlichen Wünschen, Zielen, Visionen und unsere einzigartigen Potenziale. Oft wissen wir gar nicht, wer wir eigentlich sind ... Somit kann der Trainingszustand Deines Achtsamkeitsmuskels hier eine zentrale Rolle einnehmen – dazu später mehr.

DEIN PERSÖNLICHES KOPFKINO

Aus einer psychologischen Warte betrachtet, nutzt Du überwiegend die linke Gehirnhälfte, in der Dein rationales Denken beheimatet ist. Dein Verstand sperrt dabei mit seinen unbewussten Programmen und Reaktionsmustern das Gros an Wahrnehmungen als Grundlage möglicher Lebensentscheidungen einfach aus. Aus diesem Grund verläuft Dein Leben auch tendenziell rational gelenkt und dadurch irgendwie eingleisig. Heutige Handlungen sind motiviert durch Deine gestrigen Erlebnisse. Familiäre Strukturen, intensive Ereignisse – vielleicht sogar traumatische Erfahrungen – gesellschaftliche Regeln und daraus resultierende Prägungen durch das menschliche Gesamtbewusstsein lenken die Aufmerksamkeit oftmals von einfachen und für Dich persönlich „Sinn-vollen" Lösungsmöglichkeiten ab. Pro Tag denkt ein Mensch circa 60.000 Gedanken, die meisten davon unbewusst wie ein subtiles, jedoch weichenstellendes Hintergrundrauschen. Wie viele dieser Gedanken konstruktiv geprägt sind, weißt Du selbst am besten ... Eine mögliche Schlussfolgerung daraus könnte sein, dass der Schlüssel zu einer bewusst gewählten, authentischen Form des Ich-Seins nicht unbedingt in Deinem Denken liegt, wie im folgenden Absatz angedeutet.

NUR EINE SCHÖNE GESCHICHTE?

Seit Tausenden von Jahren suchen Menschen nach dem Geheimnis für ein erfülltes und glückliches Leben. Im alten Griechenland befragten Suchende dazu das Orakel von Delphi. Diejenigen unter ihnen, die zum heiligen Orakel vorgelassen wurden, konnten am Eingangsportal zum Apollotempel die Inschrift lesen: „Erkenne dich selbst“. Nur wenige verstanden diese Anregung als den tiefgründigen Fingerzeig dorthin, wo sie die Antwort auf ihre existenziellen Fragen finden würden. Die Lösung lag nicht in äußerlichen Errungenschaften, in Besitztümern, Wissen, Ruhm oder Erfolg. Die Lösung befand sich von jeher in ihnen selbst, und dort befindet sie sich heute noch. Die Überlieferungen der Weisen des alten Griechenlands besagten, dass die Götter einst die Antwort auf alle Fragen gut versteckten, da die Menschen noch nicht den Reifegrad erlangt hatten, um sorgsam mit diesem machtvollen Geschenk umgehen zu können. So wählten sie als Versteck einen Ort aus, wo sie sicher sein konnten, dass die Menschen dort kaum danach suchen würden, und zwar in den Herzen der Menschen selbst.

EINFACH SO GLÜCKLICH SEIN?

Diese Geschichte des „Erkenne dich selbst“ deutet an, dass Authentizität und bewusstes Ich-Sein eine tragende Rolle im Erreichen von Zufriedenheit und Lebensglück spielen. Gleichzeitig ist zu vermuten, dass es uns Menschen gestern wie heute schwerfällt, zu glauben, dass die Lösung unserer Probleme wirklich so einfach sein soll, erscheint die Welt doch höchst kompliziert. Alles, wonach ich suche und wonach ich mich sehne, soll in mir selbst (in meinem Herzen) zu finden sein? Es finden sich schnell gute Gründe, warum wir meinen, keine Chance zu haben, einfach so glücklich zu sein. Seien es berufliche Probleme, finanzielle Schwierigkeiten, gesundheitliche Einschränkungen, familiäre Streitigkeiten, unzumutbare Nachbarn, anstrengende Kollegen, über die Medien transportiertes Leid in der Welt oder das Wetter, das uns vom Glücklichsein gerade abhält.

WAS BEEINFLUSST EIGENTLICH DEIN ICH-BEWUSSTSEIN?

Ich bin mir bewusst, dass ich in den Augen des ein oder anderen Lesers mit den nächsten Sätzen dünnes Eis betrete, und so ist wahrscheinlich einer der anspruchsvollsten und gleichzeitig wichtigsten Schritte auf dem Weg der Selbst- und Ich-Erkenntnis das oft schmerzhafte Erkennen, dass es eigentlich nichts im Außen gibt, was wirklich dafür verantwortlich ist, dass Du unglücklich bist. Es ist in Wahrheit immer Deine persönliche Entscheidung, wegen diesem oder jenem nicht glücklich sein zu wollen, bzw. in der eigenen Rechtfertigung, es nicht sein zu „können". Und zwar deshalb, weil Du bewusst oder unbewusst scheinbare Auslöser zum Nicht-glücklich-Sein in Deinem Leben so bewertest, wie Du es in dem Moment tust. Die jeweiligen Anlässe an sich sind jedoch im Grunde genommen völlig neutral und jede Medaille hat stets 2 Seiten. So banal es klingen mag, leicht erkennbar wird dies beim Thema Wetter: Ob es regnet oder die Sonne scheint, Menschen bewerten das Wetter für sich individuell sehr unterschiedlich und generieren dadurch teils intensive Emotionen. Der eine findet das Wetter gerade toll und fühlt sich auch so. Der Nächste findet es gerade nicht so gut und fühlt sich dann auch dementsprechend. Es sind in der Regel emotionale Verknüpfungen und unbewusste Glaubenssätze aus Konditionierungen, die dies bewirken. Über Jahrzehnte automatisierte Reaktionsmuster halten Dich in gedanklichen Schleifen aus ständigen Bewertungen und Verurteilungen von Situationen und Personen (inklusive Deiner selbst) gefangen. Diese generieren sich permanent wiederholende Erfahrungsräume im Stile von „täglich grüßt das Murmeltier".

Dein Ego sorgt in diesem großen Spiel des „Erkenne dich selbst" dafür, dass Du über wiederkehrende (unbewusste) Inszenierungen von Dramen Dich erst einmal nicht mit anderen Dingen auseinandersetzen und dadurch auch vermeintlich nicht weiterentwickeln brauchst (das Ego hasst Veränderung). Du hast Dich verstrickt in die äußere Welt und Dein wahres Wesen vergessen. Der Grund für dieses Dilemma ist eine Überbewertung von äußeren Formen bei gleichzeitiger Blindheit gegenüber der Dimension innerer Sphären. Beim Ego handelt es sich um Deine „Ich-Identifikationen" mit äußerlichen Dingen, Personen oder Gedankenkonstruktionen – meist in Form von Interpretationen und Befürchtungen –, die Dich glauben machen, das alles seist Du. Nimmt man Dir davon etwas weg, entsteht tief empfundener Schmerz, weil Du befürchtest, Du würdest etwas von dem verlieren, was Dich vermeintlich ausmacht. Das ist jedoch nur eine Illusion, weil der eigentliche Schmerzauslöser nicht wirklich diese Dinge oder Konstrukte sind, sondern Deine unbewusste Identifikation damit, also Deine fälschliche Annahme, all das seist Du. Allerdings brauchst Du das Ego nicht zu bekämpfen, es erfüllt lediglich seine Aufgabe, nämlich die, dass Du dank seiner Existenz das Spiel und seine Paradoxie früher oder später auf Deinem Entwicklungsweg durchschauen wirst. Es ist ein Naturgesetz, dass das, was Du bekämpfst, an Stärke gewinnt, indem es ständige Aufmerksamkeit erhält. Es reicht an dieser Stelle erst einmal die Erkenntnis, dass Dein Ego auf einem Prinzip von Trennung fußt. Es ernährt sich von Angst, Leid, Schuld, Besonderheit und Konkurrenz. Es ist der Teil in Dir, der Kontrolle haben will. Wenn Du einfach beginnst, diesen Ego-Attributen weniger Aufmerksamkeit zu schenken, und Dein Bewusstsein vielmehr auf Sinn, auf Deine Herzensqualitäten wie Mitgefühl, auf echte Begegnung und Güte richtest, verliert es sukzessive seinen hemmenden Einfluss auf Dich.

Und exakt an diesem Punkt kommt die aus meiner Sicht alles entscheidende Frage ins Spiel: **Wer bist Du eigentlich?**

Dazu eine kleine Geschichte:

Auf einer Reise traf eine Frau einen Weisen, der ihr anbot, ihm eine für sie wichtige Lebensfrage zu stellen. Die Frau fragte also den Weisen: „Wie schaffe ich es, glücklich zu sein?“
Der Weise antwortete: „Ich möchte Dir eine Gegenfrage stellen. Wer bist Du?“
Die Frau: „Ich bin Gerda Müller.“
Der Weise: „Ich möchte nicht wissen, wie Du heißt, sondern wer Du bist?“
Die Frau: „Ich bin Vorsitzende eines internationalen Literaturzirkels.“
Der Weise: „Ich möchte nicht wissen, welche Hobbies Du hast, sondern wer Du bist?“
Die Frau: „Ich bin promovierte Volkswirtin.“
Der Weise: „Mich interessiert nicht, welche Ausbildung Du hast. Wer bist Du?“
Die Frau: „Ich bin Führungskraft in einem großen Konzern.“
Der Weise: „Ich möchte nicht wissen, was Du beruflich machst. Wer bist Du?“
Die Frau dachte kurz nach und sagte: „Ich bin Mutter von 2 Kindern und Ehefrau.“
Der Weise: „Ich möchte nicht wissen, wie Dein Familienstand ist, sondern wer Du bist?“
Die Frau seufzte verunsichert, dann ruft sie laut: „Jetzt hab ich's, ich war mal eine erfolgreiche Tennisspielerin!“
Der Weise antwortete: „Ich möchte wissen, wer Du bist – und nicht welche Sportarten Du ausübst.“
Die Frau wurde jetzt ungehalten und bellte den weisen Mann an: „Was genau möchtest Du denn eigentlich von mir hören???“
Der Weise antwortete ihr sanft: „Ich möchte lediglich eins von Dir erfahren – und kann Dir das Finden Deiner Lösung und die wahrscheinlich wichtigste Erkenntnis für Dein Leben nicht abnehmen: ***Wer bist DU****?“ Nachdenklich und innerlich aufgewühlt verließ die Frau das Treffen mit dem Weisen und nahm sich fest vor, nun herauszufinden, wer sie wirklich war.*

Und jetzt frage ich Dich: „Wer bist Du?“

9

ENTSCHLEUNIGUNG UND MINDFULNESS

Aus welchem Grund Du zur Entschleunigung Coaching ins Kalkül ziehen solltest:

Den Themen Entschleunigung und Achtsamkeit werden jede Menge positive und in der heute so rasanten Zeit dringend benötigte Wirkungen zugeschrieben, wie beispielsweise verbesserte Selbstwahrnehmung und Konzentration, damit einhergehend niedrigere Fehlerquoten mit höherer Ausführungsqualität der verrichteten Tätigkeiten, verstärkter Zugang zur Intuition und damit qualitativ bessere Entscheidungen. Als angenehme Nebenwirkungen: mehr Zufriedenheit, Freude und Begeisterung, Humor und Leichtigkeit. Und wie jede andere Fähigkeit, die ein Mensch erlernen und souverän anwenden möchte, erfordert die Entwicklung von Achtsamkeit zielgerichtetes Training – sinnvollerweise mit einem erfahrenen Coach und Praktiker.

ÜBER DAS „SCHNELL SEIN WOLLEN"

Ein alter Mönch ging von seinem weit abgelegenen Kloster zu Fuß zur nächsten Stadt. Auf einmal hörte er, wie sich rasch Motorgeräusche näherten und ein schnittiges Motorrad neben ihm hielt. Der Fahrer hatte es offenbar sehr eilig und blaffte aus seinem Helm heraus: „Hey, Mönch, sag schnell – wie weit ist es bis zur nächsten Stadt?"

Der alte Mönch antwortete freundlich: „Wenn Ihr langsam fahrt, dauert es wohl eine halbe Stunde. Fahrt Ihr schnell, so dauert es zwei Stunden, mein Herr.“

„Du Narr“, schimpfte der Motorradfahrer, drehte mit ohrenbetäubendem Lärm den Gashebel hoch und in einer wilden Staubwolke entschwand er auf seiner Rennmaschine schnell dem Blick des Mönches.

Der alte Mönch ging gemächlich seines Weges auf der Straße, die viele Kurven und Schlaglöcher hatte. Nach etwa einer Stunde sah er hinter einer Kurve das Motorrad im Graben liegen. Das Federbein am Vorderrad war gebrochen und es war just der rasende Motorradfahrer von vorhin, der schimpfend und zeternd versuchte, sein Gefährt wieder flott zu bekommen, und offenbar gerade mit seinem Mobiltelefon dabei war, in dieser abgeschiedenen Gegend eine Werkstatt zu finden.

Der Motorradfahrer bedachte den Mönch mit einem bösen und vorwurfsvollen Blick, worauf dieser in seinen Bart murmelte: „Ich sagte es ja: Wenn Ihr langsam fahrt, eine halbe Stunde.“

Und die Moral von der Geschicht’? Im Daily Business werden von uns allen nicht selten maximaler Speed und schnelle Ergebnislieferung gefordert. Dieses Streben ist betriebswirtschaftlich nachvollziehbar, doch führt pausenloses Getriebensein nicht selten zum Ausbrennen und, nicht zu vergessen, zu deutlichem Qualitätsverlust mit hoher Fehleranfälligkeit. Ich schätze, die meisten von uns haben das als Mitarbeiter oder Führungskraft schon erlebt. Ein Lösungsansatz liegt in der Etablierung von regelmäßigen Achtsamkeitsübungen mit bewusster temporärer Entschleunigung. Nach mittlerweile 25-jähriger Meditations- und Achtsamkeitspraxis zunächst als Praktiker und heute als Lehrer kann ich das definitiv unterstreichen.

MINDFULNESS IN DER UNTERNEHMENSWELT

Wettbewerbsvorteile durch Etablierung von Mindfulness in der Unternehmenskultur? Aber so was von! Seit Jahren erobert das Thema Mindfulness rund um den Globus zahlreiche Unternehmen und Konzerne und ist längst viel mehr als ein kurzweiliger Modetrend. Achtsamkeit ist in der Arbeitswelt gefragt wie nie, und das aus gutem Grund. Im nachfolgenden Abstecher in die Unternehmenswelt findest Du sowohl Informationen über Achtsamkeit im Allgemeinen (Makroebene) als auch im Speziellen (Deep Dive), falls Dich Erkenntnisse moderner Hirnforschung interessieren.

MAKROEBENE MINDFULNESS

Was vielen Menschen auch außerhalb eines beruflichen Kontextes längst klar ist: Achtsamkeit verbessert die Gesundheit, fördert das Arbeitsklima und stärkt die Performance in allen Belangen: Innovative Firmen wissen das und haben Mindfulness-Praktiken mittlerweile in ihre internen Trainingsangebote und BGM-Programme aufgenommen. Ein gutes Beispiel hierfür ist das bei Mitarbeitern der Robert Bosch GmbH beliebte Ritual: Einmal pro Woche wird eine gemeinsame zehnminütige Meditation gestartet. Nach kurzer Begrüßung und Einleitung schließen in diesen 10 Minuten alle Teilnehmer aus der zusammengekommenen Runde vor dem Bildschirm die Augen und konzentrieren sich auf den eigenen Atem. Seit 2019 sind solche gemeinsamen Achtsamkeitspausen Bestandteil eines neuen Trainingskonzeptes, in dem das Thema Mindfulness zum hilfreichen Freund und Begleiter im Arbeitsalltag gemacht wird. Auf freundliche Weise können Interessierte so etwas für den eigenen Geist tun und gemeinsam mit gleichgesinnten Kollegen (Buddies) ihre Achtsamkeit trainieren. Bei der Robert Bosch GmbH befand sich das vorher genannte Programm im Herbst 2020 im dritten Durchgang und wurde bereits von 400 Teilnehmern aus

55 Standorten absolviert. Zusätzlich nahmen rund 200 Personen aus anderen Unternehmen – darunter Größen aus der Autoindustrie, der Logistik sowie der Versicherungsbranche – teil, denn dieses Programm steht allen interessierten Firmen offen. Der Zulauf zu solchen Programmen ist ungebrochen, was in einer auf allen Ebenen herausfordernden Zeit kaum verwundert. Die Corona-Pandemie, globale Umwälzungen mit persönlichen Zukunftsängsten, explodierende Komplexität und Dynamik der Arbeitswelt mit hohem beruflichem Druck sorgen für eine anhaltende Überreizung der Menschen.

Allerdings auch schon lange vor Corona & Co. haben Weltkonzerne wie Google, SAP, BMW, RWE und Siemens begonnen, ihren Mitarbeitern interne Achtsamkeitstrainings anzubieten. Etliche weitere Unternehmen begeben sich gerade auf diesen lohnenswerten Weg. Dabei geht es überwiegend um den Aspekt Achtsamkeit, durch dessen Etablierung in einer Unternehmenskultur sich Krankenstände und Fluktuationsraten messbar senken lassen. Der dadurch entstehende Spirit schlägt sich vielfach auch aus betriebswirtschaftlicher Sicht rasch in einem signifikanten „Return on Investment" (ROI) nieder. So ist der für die Beteiligten in jeder Hinsicht hohe Nutzen einer achtsamen Unternehmenskultur heute unbestreitbar, wie die Hotelkette Upstalsboom ebenfalls schon länger auf beeindruckende Weise dokumentiert. Deren Inhaber, Bodo Janssen, tritt seit Jahren als hochkarätiger Interviewpartner und Impulsgeber in Erscheinung und hat zu seiner Unternehmens- und Führungsphilosophie mehrere Bücher veröffentlicht.

Nachvollziehbar also, dass in vielen Unternehmen Mindfulness im Allgemeinen – und so etwas wie Mindful Leadership im Speziellen – aktuell stark diskutierte Themen sind, sowohl auf individueller Ebene als auch im Management. Neben der Robert Bosch AG GmbH haben viele weitere Unternehmen aus verschiedensten Branchen eigene Programme zu Mindfulness und achtsamer Führung aufgesetzt. Die meisten Initiativen basieren auf der Idee eines Google-Veterans, der schon vor Jahren das sehr erfolgreiche Programm namens „Search Inside Yourself" (SIY) als eine Art internes Selbstmanagement-Programm ins Leben gerufen hat, das heute in über 50 Ländern angeboten wird mit Wartelisten im hohen 4-stelligen Bereich. Übrigens wurde das genannte Insight-Training „SIY" bei Google von Chade-Meng Tan, einem ehemaligen Softwareingenieur, initiiert und ist heute überaus erfolgreich als meines Wissens eines der weltweit am stärksten nachgefragten Trainingsprogramme überhaupt. Warum ist das so?

ACHTSAMKEIT ALS FUNDAMENT FÜR DIE ZUKUNFT DER ARBEIT

Ich denke, es fließen mehrere relevante Ebenen ineinander, die aktuell und perspektivisch erfolgreiche Menschen und Unternehmen auszeichnen. Deshalb ist Achtsamkeit in meinen Augen ein echter Game-Changer im Sinne von Future of Work – hier allerdings weniger bezogen auf räumliche und prozessuale Aspekte, sondern bezogen auf ein erfolgsförderndes Mindset. Zwei Beispiele zur Erfolgskritikalität des Themas:

Vom Zeitgeist her äußern Nachwuchstalente heute klare Erwartungen an achtsame Führung und adäquate Führungspersönlichkeiten. Traditionelle Karrieremodelle, wie Du und ich sie vielleicht noch erlebt haben, sind für kommende Generationen nicht mehr attraktiv. Die emotionale Bindung an Unternehmen, die von Mitarbeitern „always on" erwarten und Selbiges unausgesprochen an Fördermöglichkeiten knüpfen, ist nur noch gering.

Zusätzlich verdeutlichen Burnout-Statistiken, massiv zunehmende psychosomatische und psychische Erkrankungen, dass es dringend neue Wege braucht, um in diesem sich in schwindelerregendem Tempo vollziehenden technologischen Weltenwechsel die Mitarbeiter auf menschlicher Ebene nicht vollends zu verlieren.

So zeigt sich in einer Vielzahl von Studien, dass Mindfulness das Potenzial besitzt, sowohl die Bindung als auch die Gesundheit und Leistungsfähigkeit von Mitarbeitern spürbar zu verbessern. Die vielfältigen positiven Effekte sind auf neuronaler, psychologischer und betriebswirtschaftlicher Ebene hinreichend belegt.

WEITERE WIN-WIN-WIN-EFFEKTE FÜR MITARBEITER UND UNTERNEHMEN

Unabhängig von Talentgewinnung, Mitarbeiterbindung und gesundheitlicher Schadensbegrenzung – welcher konkrete Nutzen generiert sich eigentlich noch aus dem Etablieren von Achtsamkeit in einer Unternehmens-DNA?

BEISPIEL „MINDFUL LEADERSHIP"

Eine achtsame Leadership-Kultur kann Führungskräfte in der aktuellen Situation unterstützen, den Überblick zu behalten und Mitarbeiter im Dschungel der Veränderungen zu motivieren und durch die stürmische See zu navigieren. Darüber hinaus wird es dabei helfen, die Effektivität und Effizienz zu verbessern und gleichzeitig die Freude an der Arbeit zu erhalten – wahrscheinlich sogar zu steigern. Während herkömmliche Leadership-Curricula meist vorrangig Wissen und Verhalten vermitteln, geht es bei Mindfulness in erster Linie um die Entwicklung einer achtsamen Grundhaltung (Werte und Identität) mit Reflexion auf die persönliche Sinn-Ebene, was ein deutlich höheres Wirkpotenzial entfaltet. Die Führungskompetenz „Mindful Leadership" wird mit Hilfe erfahrener Coaches durch professionell begleitete Selbsterfahrung und Selbstkontrolle die Etablierung von Achtsamkeit in einem fruchtbaren Unternehmens- und Führungsalltag sicherstellen. In der Kommunikation zum Beispiel entfaltet ein solches Mindset positive Wirkungen auf mindestens 3 Ebenen:

- Wirkung für mich selbst
- Wirkung für mein Gegenüber
- Wirkung für die jeweilige Situation

WIE KOMMEN WIR DORTHIN?

Achtsamkeitstraining, sinnvollerweise angeleitet durch einen erfahrenen Achtsamkeitspraktiker, besteht insbesondere im Erlernen des genauen Beobachtens des gegenwärtigen Augenblicks in einer geduldigen Haltung absichtsloser Offenheit. Das hört sich vielleicht recht einfach an, fällt den meisten Menschen allerdings eher schwer – ganz besonders in einem beruflichen Kontext voller Dynamik und Disruption. Alltagstaugliches Training zielt deshalb darauf ab, vorüberziehende Gedanken und Gefühle in der inneren Haltung eines Außenstehenden wertfrei beobachten zu lernen, auch und gerade im Daily Business. In der sich dadurch entwickelnden Distanz zum Geschehen und zu sich selbst entsteht eine zunehmend bessere Rundumwahrnehmung mit allen Sinnen, ein Gewahrsein dessen, was in diesem Moment wirklich ist. Zentrierung, das Erkennen und Einnehmen des eigenen Platzes, höhere Gelassenheit, mehr Mut und das Bedürfnis nach sinnerfülltem Handeln sind begrüßenswerte Folgen dieser Neupositionierung. Aus sinnvollem Handeln erwächst Freude und eine regelrechte Magie des Tuns. Anstelle bisheriger Begrenzungen des Bewusstseins durch „Entweder-oder-Denkrillen" eröffnen sich plötzlich neue „Sowohl-als-auch-Lösungswege". Im Flow-Zustand scheint die Zeit im Flug zu vergehen. Zufriedenheit und Dankbarkeit stellen sich ein. In einer durch Achtsamkeit geprägten Umgebung fühlen sich Menschen sichtbar wohl, frisch, neugierig und voller Tatendrang.

WOFÜR BRAUCHEN WIR ALL DAS IN UNSEREM ALLTAG?

Eine gute Achtsamkeitskultur entfaltet insbesondere dann ihre positive Wirkung, wenn große Herausforderungen zu meistern sind, Stichwort: Dauer-Change, wenn gravierende Veränderungen anstehen, bei Konflikten und in Krisensituationen. Aus dem Blickwinkel sinnvoller Prävention stellen sich daher aktuell viele Unternehmen die Frage, wie sie ihre Mitarbeiter hin zu mehr Mindfulness wirksam unterstützen können, um gemeinsam an dieser Kultur zu partizipieren.

Erhöhter Achtsamkeit werden viele positive Veränderungen zugeschrieben, so z. B. verbesserte Selbstwahrnehmung und Konzentration, damit einhergehend weniger Fehler und höhere Ausführungsqualität der verrichteten Tätigkeiten, verstärkter Zugang zur Intuition und damit bessere Entscheidungen – sowie als angenehme Nebenwirkungen: Zufriedenheit, Freude und Begeisterung, Humor und Leichtigkeit. Allerdings benötigt die Entwicklung von Achtsamkeit, wie jede andere Fähigkeit, die ein Mensch erlernen und souverän anwenden möchte, kontinuierliches Training. Entsprechende Programme beispielsweise für einen verbesserten Umgang mit Angst und Stress oder auch in der Gesundheitsprävention bis hin zur Schmerztherapie sind umfassend erforscht. Spezielle achtsamkeitsbasierte Übungsprogramme haben sich seit über drei Jahrzehnten gleichermaßen im klinischen Einsatz wie auch in zahlreichen Unternehmen bewährt. Durch die Mobilisierung innerer Ressourcen werden Menschen darin unterstützt, die täglichen Herausforderungen in Ruhe und Ausgeglichenheit zu meistern.

DEEP DIVE MINDFULNESS

Wenn Du verstehen möchtest, wodurch Achtsamkeitsübungen eine so große Wirkung entfalten, macht es Sinn, sich die Funktionsweise des Systems Mensch zu vergegenwärtigen und einen Blick auf die Erkenntnisse moderner Hirnforschung zu werfen. Hierzu einige Beispiele:

In einer früheren Studie in Boston (Dr. Britta Hölzel, Diplom Psychologin und Meditationsforscherin) wurden Personen eingehend untersucht, die niemals zuvor meditiert oder Achtsamkeitsübungen gemacht hatten, bevor sie an einem Achtsamkeits-Kurs teilnahmen. Gleich im Anschluss an den achtwöchigen Kurs wurden die Teilnehmer noch einmal im Kernspintomographen untersucht. Im Vergleich der Bilder vor und nach dem Kurs konnten die Wissenschaftler sehen, dass sich eine Erhöhung der Dichte der grauen Substanz im Hippocampus (und in einigen anderen Hirnstrukturen) über den Zeitraum der acht Kurswochen zeigte. Die graue Substanz (der Großhirnrinde/des Cortex) ist die neuronale Schaltzentrale für die meisten neuronalen Prozesse und so auch beteiligt an allen Sinneswahrnehmungen, Erinnerungsvermögen, Muskelbewegungen, Entscheidungsfähigkeit und Selbstkontrolle. Im Kortex entsteht aus den Signalen der Sinnesorgane und vorgeschalteten Hirnregionen ein zusammenhängender Eindruck der Umwelt. Zudem kann er Informationen speichern, ist also biologische Grundlage unseres Gedächtnisses.

Verstand, zielgerichtete Handlungen, Gefühlsleben – kurz: Alles, was an psychischen Leistungen und Erkenntnisprozessen im Menschen stattfindet, ist ohne Hirnrinde nicht möglich. Darüber hinaus hat man festgestellt, dass das Volumen der grauen Substanz während des Alterns und bei kognitiver Beeinträchtigung abnimmt. Meditation erhöht die Konzentration der grauen Substanz, verbessert so kognitive Fähigkeiten und hat das Potential, den Alterungsprozess zu verlangsamen, u. a. auch über eine beobachtete Verlängerung unserer Telomere. Telomere sind die schützenden Endkappen unserer Chromosomen, deren Länge (beziehungsweise Verkürzung) mit unserem Alterungsprozess korreliert.

Schon 2004 sagte Wolf Singer (deutscher Neurophysiologe) in einem Interview mit der Frankfurter Rundschau (Geist contra Großhirn, Nr. 14/2004): „Wir glauben, dass alle Leistungen von Gehirnen, die mentalen Prozesse eingeschlossen, auf neuronalen Vorgängen beruhen. Das heißt: Sie gehorchen physio-chemischen Gesetzen." Über die Sinne findet die Reizaufnahme statt (was wir hören, was wir sehen, was wir riechen, was wir schmecken, was wir spüren), die im Körpersystem z. B. über das Nervensystem verarbeitet werden und Körperempfindungen (z. B. Verspannung, Entspannung ...), Emotionen, Gedanken und dergleichen mehr auslösen können, wie die moderne Hirnforschung belegt hat. Was wir häufig benutzen, wird ausgebaut, was wir selten oder nicht benutzen, wird abgebaut. Im Gehirn zeigt sich dies durch Verschaltungen, die aufgebaut werden und immer leichter anspringen und uns in Gewohnheiten halten (siehe Wolf Singers Artikel „Verschaltungen legen uns fest: Wir sollten aufhören, von Freiheit zu sprechen"). Das Gehirn erstellt ständig Modelle der Wirklichkeit, an denen das, was wahrgenommen wird, abgeglichen wird. Das Gehirn bildet also nicht die Außenwelt ab, sondern erfährt die Außenwelt nach einem selbstkonstruierten Modell.

SINNESREIZE, GEDANKEN & EMOTIONEN

Und genau hier kommt Achtsamkeitstraining ins Spiel, um einen Kreislauf des Gewohnten und erstarrte Modellkonstruktionen zu verändern (Growth Mindset versus Fixed Mindset). Wir lernen, unsere Aufmerksamkeit bewusst auf uns selbst zu lenken, erhöhen unsere Selbstwahrnehmung und nehmen so nach einiger Zeit der Übung wahr, dass es um uns herum unterschiedliche Sinnesreize gibt, auf die wir reagieren, sowie Emotionen und Gedanken, die wir selbst produzieren und die ihrerseits Reaktionen im Körpersystem auslösen. Dies ist ein zentraler Schlüssel zu höherer Selbstwirksamkeit.

AUFMERKSAMKEITSREGULATION

Achtsamkeitstechniken helfen, die Aufmerksamkeit besser zu kontrollieren. Durch geeignetes Training fällt es einerseits leichter, die Aufmerksamkeit auf ein Objekt bzw. ein Thema zu fokussieren und zu halten sowie schneller zu bemerken, wenn Gedanken abdriften, auch effektiver mit Störungen umzugehen, sie auszublenden oder zu akzeptieren. Andererseits gelingt es besser, die Aufmerksamkeit zu verteilen bzw. den Taschenlampenkegel des Bewusstseins zu weiten, d. h., das Gegenwartsfenster auszudehnen und dadurch deutlich mehr mitzubekommen. Wir unterscheiden für die Gedanken- und Emotionsregulation heute funktionell drei Ebenen des limbischen Systems bzw. der limbischen Autoregulation, d. h. der endogenen Emotions- und Motivationssteuerung. Dabei sind die unteren und mittleren Ebenen, die sich mit der Erzeugung und unbewussten Bewertung von Affekten und Emotionen beschäftigen (z. B. die Amygdala), i. d. R. kaum zu kontrollieren. Die obere limbische Ebene, die manchmal auch als paralimbisch bezeichnet oder in Teilen dem Präfrontalkortex zugeordnet wird, ist in der Lage, einen emotionsregulierenden Einfluss auszuüben. Dieser Bereich der Selbstregulation, der auch als Brücke zwischen Kortex und limbischem System bzw. zwischen Ratio und Kognition einerseits und den Affekten bzw. Emotionen andererseits gedeutet wird, erfährt durch die Achtsamkeitspraxis eine Stärkung. Durch Training kommt es zu einer systematischen Desensibilisierung gegenüber negativen Affekten und Emotionen und zu einer Zunahme von Mitgefühl, Offenheit und Gleichmut. All das führt zu höherer Resilienz = verminderter Stressanfälligkeit. Wenn wir durch Achtsamkeitspraxis die Fähigkeit weiterentwickeln, unsere

Emotionen und Gedanken zu regulieren, dann sind im Gehirn Regionen im präfrontalen Kortex (also im vorderen Bereich des Gehirns) und in den limbischen Strukturen beteiligt. Das limbische System ist der Teil im Gehirn, über die zum Beispiel unsere Überlebensreflexe Kämpfen, Flüchten und Totstellen ausgelöst werden und wo emotionale Erinnerungen und Muster gespeichert sind. Verschiedene Studien haben gezeigt, dass es zu Veränderungen dieses frontal-limbischen Netzwerkes durch Achtsamkeitsübungen kommt, u. a. zu einer Schrumpfung im Bereich der Amygdala. Dies vermindert ein reflexartiges Reagieren und stärkt die bewusste Selbstregulation. Studien konnten bei Meditierenden auch eine regionale Zunahme der Aktivität in spezifischen Hirnarealen, wie z. B. in Motivations- und Belohnungsarealen nachweisen.

KÖRPERBEWUSSTSEIN

Achtsamkeitstraining ermöglicht auch die Entwicklung eines besseren Körperbewusstseins, was als die Fähigkeit verstanden wird, subtile Körperempfindungen zu bemerken. Man kann davon ausgehen, dass Meditation über die Zeit die Fähigkeit ausbildet, ein verfeinertes Körpergespür durch eine Ausdifferenzierung der inneren Landkarten entstehen zu lassen. Dem Wahrnehmen von Körperempfindungen wird eine wesentliche Rolle in der bewussten Erfahrung von Emotionen zugeschrieben. Ein erhöhtes Bewusstsein in Bezug auf die eigenen Emotionen ist Voraussetzung dafür, dem emotionalen Erleben angemessen zu begegnen und die eigenen Emotionen regulieren zu können. Hier handelt es sich also um eine erlernbare Fähigkeit, die für einen konstruktiven Umgang mit Konflikten, wie beispielsweise auch in der Mitarbeiterführung, von zentraler Bedeutung ist.

Hier abschließend noch mal komprimiert einige Nutzenaspekte von Achtsamkeit:

» Wahrnehmung des Moments und Akzeptanz der Realität des Augenblicks.
» Fähigkeit bewusster Aufmerksamkeitslenkung = Ausschalten des Autopiloten.
» Vermeidung vorschneller Bewertungen und Interpretationen und damit einhergehender unreflektierter Kurzschlusshandlungen.
» Entwicklung der Selbststeuerungsfähigkeit mit Förderung bewusster, klarer (besserer) Entscheidungen.
» Mehr Gelassenheit für anspruchsvolle Situationen.
» Offenheit für neue kreative Lösungswege und Verhaltensmuster (Growth Mindset).
» Mehr Mitgefühl, das gleichzeitig zu besserem Einfühlungsvermögen in Gesprächspartner und Teamsituationen führt (Empathie).
» Höheres Verständnis im Umgang mit individuellen Motivatoren und Stressoren (Emotionale Intelligenz) und adäquates Verhalten.
» Bessere Selbstwahrnehmung und leichteres Erkennen von Belastungsgrenzen (eigener und bei anderen).
» Stärkung der Regenerationsfähigkeit, Selbstwirksamkeit, Kreativität, Produktivität, Klarheit, Konzentration, Durchsetzungsvermögen und Lebensfreude.
» Alle vorgenannten Punkte verringern Fluktuation, krankheitsbedingte Fehlzeiten und Konflikte – sie steigern Kreativität, Produktivität, Resilienz, Effizienz und damit im Business auch maßgeblich den Unternehmenserfolg.

Worauf also noch warten? Lass uns gemeinsam loslegen.

10

FREIHEIT – SEGEN ODER LAST?

Aus welchem Grund Du für Deine Freiheit Coaching ins Kalkül ziehen solltest:

Wirkliche Freiheit bedeutet, dass Du lernst, bewusst völlig frei zu wählen, in welcher Qualität Du Dein Leben (er)leben möchtest – und zwar unabhängig von den jeweiligen Rahmenbedingungen.

FREE WILLY

„Ich will frei sein", bestimmt hast Du diese Aussage schon mal von einem nahestehenden Menschen oder Kollegen gehört? Möglicherweise sehnst Du Dich selbst danach, „endlich frei zu sein". Natürlich kenne ich solche Gedanken auch und für mich waren sie in der Vergangenheit meist mit Wehmut und subtilem Ohnmachtsgefühl verbunden, so dass ich mich damit etwas eingehender beschäftigt habe. Ich wollte herausfinden, was „Freiheit" für mich persönlich bedeutet und was es mit diesem Streben – verbunden mit den genannten Gefühlen – eigentlich auf sich hat.

Wenn ich Dir nachfolgend meine Erkenntnisse schildere, so sind es natürlich erst mal „nur meine Erkenntnisse". Eine absolute Wahrheit gibt es nicht, sondern jeder von uns kann nur seine eigene Wahrheit finden. Die Suche lohnt sich, weil sie auf jeden Fall Mosaiksteine zum „Erkenne Dich selbst" liefert und diese spannende Entdeckungsreise auch kein wirkliches Ende hat. Mit jeder Erkenntnis entwickelt sich Dein Bewusstsein ein Stückchen weiter und auf der nächsthöheren Stufe öffnet sich mit neuer Betrachtungsweise ein neuer Erkenntnisraum mit neuen Fragestellungen, auf die es vielleicht auch neue Antworten zu entdecken gilt.

GRETCHENFRAGE

Wirst Du mit Deinem Streben nach sogenannter Freiheit am Ende tatsächlich frei? Oder kreierst Du Dir vielleicht sogar ein neues mentales Gefängnis, dessen Gitterstäbe aus unerfüllbaren Hoffnungen, unrealistischen Erwartungen und unflexiblen Denkmustern bestehen? Hier ein paar Sätze, die ich in meinem privaten Umfeld, wie auch meiner beruflichen Tätigkeit, in den letzten Jahrzehnten oft gehört habe und die gefühlt meistens etwas mit der Idee eines größeren Freiheitsgewinns zu tun hatten:

- „Wenn ich erst mal in Rente bin, kann ich mich endlich frei entfalten und alles tun, was ich schon immer wollte."
- „Wenn ich erst mal aus der Festanstellung raus und selbstständig bin, dann kann ich endlich frei ..."
- „Wenn ich endlich geschieden bin, dann kann ich endlich ..."
- „Wenn ich ins Ausland umgesiedelt bin, dann werde ich endlich ..."

Kommt Dir das bekannt vor? Vielleicht hast Du solche Situationen selbst oder etwas Ähnliches bei anderen hautnah miterlebt. Und wenn es dann tatsächlich dazu gekommen ist, Hand aufs Herz, wie lange hat diese erhoffte Freiheit, die Dich oder die Protagonisten ja eigentlich von morgens bis abends beseelen sollte, ein dauerhaftes Glücksgefühl produziert und Dich durch den Alltag singen und tanzen lassen? Ich beobachte vielmehr, dass beispielsweise der ersehnte Ruhestand nach einiger Zeit (sobald die offenen To-dos am Haus und im Garten endlich erledigt sind und die Weltreise schließlich stattgefunden hat) in neuen, Unzufriedenheit stiftenden Hamsterrädern, in Orientierungslosigkeit oder gähnender Langeweile mündet:

„Irgendwie vermisse ich meinen Job, den Austausch mit den Kollegen, die Möglichkeit, Verantwortung zu tragen, doch ganz schön …"

Und nicht selten kriselt es in der Beziehung, weil diese (eingebildete) Freiheit sich plötzlich mehr wie Enge und Begrenzung anfühlt. Auch die ehemals sehnsüchtig angestrebte Selbständigkeit bringt erstaunlich oft Sätze hervor, wie z. B.:

„Irgendwie hatte ich mir das anders vorgestellt … Ich tue zwar mehr von dem, was ich gerne wollte, aber eigentlich habe ich für nichts sonst mehr Zeit und rödele rund um die Uhr …"

Komisch, oder? Wo ist die gewonnene Freiheit denn plötzlich hin? Aus der Psychologie wissen wir, dass die meisten Menschen im Grunde ihres Herzens froh sind, und zwar über alle Bildungs- und Hierarchiestufen hinweg, wenn sie sich in vorgegebenen Strukturen bewegen können und ihnen jemand sagt, in welche Richtung die Reise geht. Der sogenannte „freie Wille" ist in Wahrheit so gut wie nicht vorhanden oder mehr eine glorifizierte Illusion aus subtiler Konditionierung und sozialen Zwängen. Sagten nicht selbst mächtigste Könige und Kaiser Sätze wie: „Schwer ruht das Haupt, das die Krone trägt." Und leben Multimillionäre und Milliardäre (falls man solch materiellen Reichtum mit dem Potenzial unendlicher Freiheit gleichsetzen möchte) nicht selten in Angst, ihr Vermögen wieder zu verlieren, und leiden unter emotionalem Mangel, wie Misstrauen und unerfüllter bedingungsloser Liebe. Soll das etwa Freiheit sein?

Ich bin überzeugt, dass das Gros der Menschen mit echter Freiheit nur schwer umgehen kann, und sich daraus eher Starre und Angststörungen entwickeln, weil u. a. Ordnung und Sicherheit fehlen, nach denen wir evolutionär streben. Doch was ist denn jetzt mit dieser doofen Freiheit? Sollen wir dahingehendes Streben lieber vergessen? Ich denke nicht. Gleichwohl kann es das Gemüt ungemein entstressen, den Blickwinkel darauf etwas zu justieren.

EINZIG DIE GEDANKEN SIND FREI – UND WIE MACHST DU DAS?

Genau diese Freiheit der Gedanken ist die Spielwiese, um die es sich in Wahrheit dreht, davon bin ich überzeugt. Und mindestens zu jedem Jahresstart hast Du (wieder) die Möglichkeit, Dir z. B. folgende Fragen zu stellen:

» Wer möchte ich sein?
» Was in meinem Leben möchte ich tun (oder lassen)?
» Wie möchte ich mich selbst in meiner Persönlichkeit, meinem Potenzial und meinen Wertvorstellungen ausdrücken?
» Mit welchen Menschen möchte ich mich (nicht) umgeben?
» Welche Meinung will ich über mich selbst haben?
» In welcher Färbung möchte ich meine Welt und alles, was ich wahrnehme, erleben?
» Wie soll mein vorherrschendes Lebensgefühl sein?

Absolut alles, was Du tust (oder unterlässt), hat Handlungskonsequenzen. Meistens erkennst Du diesen Zusammenhang nicht oder Du weigerst Dich bewusst/unbewusst, Dich selbst als Urheber von Geschehnissen und vor allem Deines Lebensgefühls anzuerkennen – zumindest dann nicht, wenn es unangenehm ist. Doch ist das die wahre und, ich persönlich schätze, tatsächlich einzige Freiheit, die Du in Deinem Leben verwirklichen kannst. Nachhaltige Veränderung kommt stets „von innen" – also über die ganz individuelle Qualität Deines Denkens, Deiner Glaubenssätze, die damit einhergehenden Bewertungen und den am Ende daraus resultierenden Emotionen. Ein bloßes Verändern von Äußerlichkeiten, wie Beruf, Beziehungsstatus, Aufenthaltsort oder dergleichen, wird kein nachhaltiges Freiheitsgefühl, geschweige denn eine nachhaltige Steigerung des Lebensglücks mit sich bringen. Dieses Phänomen erleben Auswanderer, die dann auf der ersehnten Insel oder im Ausland bald wieder dieselben Gedanken von Unzufriedenheit, sich wiederholende unbefriedigende Beziehungsmuster und eigentlich „dasselbe in Grün" wie vorher erleben. Warum? Na, weil Du Dich selbst überall hin mitnimmst.

POLARITÄT IM KONTEXT DES FREIEN WILLENS

In vielen philosophischen Schriften finden sich Beschreibungen, dass im Leben alles zwei (scheinbar) gegensätzliche Pole (= zwei Seiten) hat, in Wirklichkeit jedoch eins ist. So kann keiner der beiden Pole ohne den anderen existieren. Nehmen wir in einem Stromkreis das Plus weg, verschwindet automatisch auch das Minus und vice versa. Die offensichtlichen Gegensätze sind ihrem Wesen nach von identischem Ursprung, sie unterscheiden sich lediglich in ihrem Ausdruck. So entsteht Harmonie durch eine Annäherung der beiden Pole, bis sie miteinander verschmelzen und die scheinbaren Gegensätze sich aufheben. In der Beschäftigung mit dieser Sichtweise hatte ich jede Menge Aha-Effekte und letztendlich die Erkenntnis, dass ein Streben nach Balance wohl auch eins meiner persönlichen Lebensthemen ist. Von Kind an bin ich sozusagen permanent zwischen Extrempositionen suchend hin- und hergependelt und habe mich dabei nie wirklich angekommen gefühlt. Das gelingt mir heute deutlich besser und ich vergeude viel weniger Energie in solchen inneren und äußeren Kämpfen.

In einer wie vorher beschriebenen philosophischen und durchweg konstruktiven Betrachtungsweise kann Dir das Prinzip der Polarität helfen, Dein Sein und Deine Eigenverantwortung bewusster wahrzunehmen. Du erlebst im Alltag diese gegensätzlich wirkenden Kräfte von positiv und negativ, plus und minus, hell und dunkel, gut und böse, richtig und falsch. Diese (scheinbaren) Gegensätze kannst Du mit etwas Übung in Deinem Bewusstsein – vor allem in Deinen stets wertenden Gedanken – jedoch „neutralisieren" und qua klarer Entscheidung beispielsweise Traurigkeit in Freude und Angst in Liebe verwandeln. Alltägliche Erlebnisse und Begegnungen geben Dir wiederkehrend die Chance, Dich selbst als Schöpfer Deiner Realität zu erfahren. So erlebst Du diese Gesetzmäßigkeiten von Polarität, Resonanz sowie Ursache und Wirkung als einen Ausdruck Deiner persönlichen Freiheit, Deine Handlungskonsequenzen aus Entscheidungen und Nicht-Entscheidungen zu kreieren und bewusst zu erleben. Für dieses Erleben ist Dir der freie Wille gegeben, so dass Du stets diejenige Seite der Medaille wählen kannst, die Du auf irgendeiner Bewusstseinsebene erfahren möchtest. Dadurch erkennst Du Dich immer klarer in Deinen Möglichkeiten und entwickelst Dich als Mensch und Persönlichkeit unablässig weiter.

DA GEHT IMMER WAS!

Egal, in welchen Lebensumständen, in welcher persönlichen oder beruflichen Konstellation Du Dich also gerade befindest, Du kannst sofort frei und unabhängig sein, indem Du die Verantwortung für Deine Sichtweisen, Deine Gedanken, Bewertungen und Emotionen zu 100 % übernimmst und Dich entscheidest, wie Du Dein Leben ab sofort erleben möchtest. Dies bedeutet auch, dass Du Dich von „Wenn-dann-Verknüpfungen" und Co-Abhängigkeiten lösen kannst, durch die Du Dir selbst suggerierst, scheinbar unfrei zu sein in der Entscheidungsfähigkeit, wie Du Dich fühlen darfst: „wert-voll" versus „wertlos". Entscheidest Du Dich bewusst dazu, Deine inneren Einstellungen zum Leben zu verändern, wird sich sukzessive und unaufhaltsam Deine Außenwelt diesen Einstellungen anpassen. Dies ist die wahre Freiheit, nach der sich Dein Innerstes sehnt.

Wie das geht? Diese Entdeckungsreise vollziehst Du einfach Schritt für Schritt. Konsultiere mich sehr gerne als Coach Deines Vertrauens, der diesen Weg bereits gegangen ist, und lasse Dich beim Finden der für Dich persönlich passenden Strategien und Antworten professionell von mir begleiten.

„Frei wirst Du sein, sobald Du Deinen
Wert als Mensch nicht mehr verknüpfst
mit Äußerlichkeiten und Bewertungen
oder Meinungen anderer.
Du hast und hattest in Wahrheit schon
immer die Freiheit, Dein Leben zu lieben
und Dich selbst von Herzen so anzunehmen,
wie Du jetzt in diesem Moment bist."

Hört sich das nicht kraftvoll und wunderbar für Dich an?

11

STILLE

Aus welchem Grund Du für Deine innere Stille Coaching ins Kalkül ziehen solltest:

Die Fähigkeit, Dir Stille erlebbar zu machen, spielt eine herausragende Rolle bei der Förderung Deines psychischen und körperlichen Wohlbefindens und für Deine nachhaltige Resilienz.

ES WAR EINMAL MIT MEINEM GROSSVATER IM WALD

Starten möchte ich mit einem Erlebnis aus meiner Kindheit, denn meine erste bewusste Auseinandersetzung mit dem Thema Stille hatte ich im Alter von etwa 10 Jahren während eines Besuches bei meinem Opa, der in der Toskana lebte. Als Hotelbesitzer war er eine starke Führungspersönlichkeit und gleichzeitig warmherzig und sehr naturverbunden. So ergab es sich, dass er mich kleinen „Stöpke“ mit auf einen Waldspaziergang in die nahegelegenen Berge nahm. Während wir durch den Wald wanderten und er mich begeistert an seinem tiefen Wissen über Bäume, Pflanzen und Tiere teilhaben ließ, fiel mir auf, wie still es dort war – für mich ungewohnt, weil ich das aus dem heimischen Wald in Deutschland meinte, anders zu kennen. Man muss wissen, dass damals in Italien Vögel in jeglicher Form als Delikatesse galten und deshalb in großem Stil gefangen (und gekocht) wurden. Wälder waren praktisch „vogelfrei“. Ob das heute noch so ist, kann ich nicht sagen. Jedenfalls erklärte es diese für mich fast gespenstische Ruhe.

Nach einiger Zeit kam uns ein anderer Wanderer entgegen. Wir konnten ihn schon von Weitem hören, er hatte nämlich ein Kofferradio dabei, das in höllischer Lautstärke italienische Schlager dudelte. Ich fand das amüsant und wunderte mich schon, dass mein Opa etwas griesgrämig dreinschaute. Als der Kofferradio-Kollege dann an uns vorbei war und langsam wieder Ruhe einkehrte, sagte mein Opa zu mir: „Weißt Du, die Menschen haben Angst vor der Stille. Ich finde es schade, dass sie taub sind für die Vielfalt des Lebens, die erst in der Stille zum Vorschein kommt."

Ich nickte bestätigend, hatte aber ehrlich gesagt rein gar nichts verstanden. Die Aussage verwirrte mich. Ich dachte mir: Wie jetzt, Stille und Hören, wie passt das zusammen? Es ist doch entweder still oder ich höre was? Dieses Erlebnis hat mich seitdem begleitet und ich habe ehrlicherweise ein paar Jahrzehnte gebraucht, um die Weisheit dahinter zu verstehen – was uns zur nächsten Geschichte führt ...

DER KLANG DER STILLE

Eine weitere bewusste Auseinandersetzung mit dem Thema Stille hatte ich im Zuge meiner Qigong-Ausbildung vor etwa 25 Jahren, als mein Lehrer mich zum Ende der Ausbildung bei einer gemütlichen Tasse Tee einmal unverhofft fragte: „Sag mal, kannst Du die Stille schon hören?" Ich antwortete mit einem beherzten „Ja" und versuchte, ihm zu erklären, wie ich seine Frage für mich decodierte und was genau ich unter „Stille hören" verstand – schließlich war ich angehender Qi Gong-Lehrer und da sollte man das doch offenbar wissen ... Während ich mich bemühte, ihm meine Weisheiten schmackhaft zu machen, lächelte er mich ganz lieb und verständnisvoll an und ließ es wohl über sich ergehen. Als ich fertig war, antwortete er nur kurz: „Die Herausforderung dabei ist, dass ab dem Moment, wo Du die Stille wirklich hören kannst, Du das niemandem wirst in Worten erklären können".

Zack, da war sie wieder, meine Verwirrung, und ich gönnte mir noch ein paar Jahre, um zu ergründen, was er damit gemeint haben könnte. Abschließend kann ich aber schon mal sagen: Sowohl mein Opa als auch mein Lehrer lagen richtig!

WIE ERLEBEN MENSCHEN STILLE?

Lass uns im Folgenden das Thema Stille mal von verschiedenen Seiten beleuchten, um ein breiteres Verständnis für unterschiedliche Aspekte zu entwickeln. Wahrscheinlich ist es für Dich nicht überraschend zu lesen, dass die Erfahrung mit Stille von Person zu Person variiert. Eine der häufigsten Rückmeldungen ist allerdings, dass Stille gemeinhin als angenehm und erholsam empfunden wird. Doch auch wenn die einen Stille nutzen, um ihre Gedanken zu ordnen oder zu meditieren, können wiederum andere sie als durchaus unangenehm und unbehaglich empfinden. Denn die Wahrnehmung von Stille hängt von unseren individuellen Vorlieben, Prägungen und Bedürfnissen ab.

AUS WELCHEN GRÜNDEN KÖNNEN MENSCHEN STILLE AUCH ALS UNBEHAGLICH ERLEBEN?

Menschen können Stille auch negativ erleben, weil sie vielleicht mit inneren Ängsten und Sorgen konfrontiert sind, die sonst durch Ablenkungen verdeckt bleiben. Manchmal kann Stille sogar als bedrohlich wahrgenommen werden, wenn sie als Fehlen von menschlicher Gesellschaft empfunden wird. Manche Menschen haben auch eine Abneigung gegen Stille aufgrund von früheren negativen Erfahrungen, beispielsweise in einsamen oder gefährlichen Situationen. Darüber hinaus kann es für einige von uns schwierig sein, in der Stille zur Ruhe zu kommen, wenn wir es gewohnt sind, dass ständig eine Geräusch- oder sogar Lärmkulisse vorhanden ist, die von negativem „Kopfkino“

ablenkt. Insofern gibt es auch (gesundheitliche) Bedingungen, bei denen Stille kontraindiziert sein kann. Es gibt Störungen oder psychische Krankheitsbilder (z. B. Angststörungen, depressive Phasen, Schizophrenie o. Ä.), die sich durch Stille verstärken können – doch das soll hier nicht unser Thema sein, dies gehört eng begleitet und immer in fachmännische Hände.

WELCHE POSITIVEN EFFEKTE – PSYCHISCH UND PHYSISCH – KÖNNEN MENSCHEN DURCH STILLE ERREICHEN?

Stille kann ...

... Dir helfen, Stress abzubauen und zu entspannen, indem es Deinen Geist von äußeren Ablenkungen befreit und die Aufmerksamkeit auf innere Erfahrungen lenkt.

... Deine Konzentration verbessern, indem sie Deinen Geist von störenden Geräuschen befreit und dadurch die Fähigkeit verbessert, Dich auf eine Aufgabe zu konzentrieren.

... Dich unterstützen, Deine Kreativität zu steigern, indem sie Deinen Geist öffnet und den Zugang zu neuen und kreativen Ideen ermöglicht. Die besten Ideen der klügsten und kreativsten Köpfe sind nicht selten in Phasen von Stille und scheinbarem Nichtstun entstanden, wenn der Geist ungestört auf Reisen gehen und seine tiefsten intuitiven Ebenen hörbar machen kann.

... dafür sorgen, dass Du tiefer und erholsamer schläfst, indem Du Deinen Geist beruhigst, was das Einschlafen erleichtert.

... dazu beitragen, dass sich Dein Körper entspannt und Stresshormone reduziert werden, was zu einer Verbesserung Deines körperlichen Wohlbefindens und zur Regeneration im Allgemeinen beitragen kann.

Zusammenfassend kann Stille eine wichtige Rolle bei der Förderung Deines psychischen und körperlichen Wohlbefindens und Deiner Resilienz spielen.

EIN PHILOSOPHISCHER BLICK AUF DIE STILLE

Eckhart Tolle, ein international bekannter spiritueller Lehrer und Bestsellerautor, beschreibt die Qualität von Stille als tiefe Ruhe, Frieden und Bewusstheit. In seinen Lehren betont er die Wichtigkeit, regelmäßig in die Stille einzutauchen, um einen Zustand von innerem Frieden und Klarheit zu erreichen. Tolle beschreibt, dass Stille uns von den lärmenden Gedanken und Emotionen des Alltags befreit und uns so Zugang zu einer tieferen Ebene des Bewusstseins ermöglicht. Durch Stille können wir uns von Identifikationen mit unseren Gedanken und Emotionen lösen und ein tieferes Verständnis für uns selbst und die Welt um uns herum erlangen. Tolle betont dabei auch, dass Stille nicht nur stilles Sitzen oder Meditieren bedeutet, sondern dass wir auch in jedem Augenblick des Tages in Stille eintauchen können, indem wir uns auf den gegenwärtigen Moment konzentrieren und uns von unseren Gedanken und Emotionen frei machen.

STILLE WAHRNEHMEN LERNEN

Bewusst „der Stille zuhören“ wird Dir helfen, im Alltag abzuschalten, aus Lärm- und Gedankenschleifen auszusteigen und dadurch in Dein natürliches Gleichgewicht zu kommen.

WARUM IST DAS HEUTZUTAGE SO WICHTIG?

Unser Gehirn läuft in der heutigen Welt durch permanenten beruflichen und privaten Leistungsdruck, daraus resultierenden gedanklichen Hamsterrädern und immer weiter zunehmender (medialer) Reizüberflutung rund um die Uhr auf Hochtouren. Ausbalancierende Konzentrations- und Achtsamkeits-Inseln sind rar gesät. Achtsamkeit ist jedoch Grundvoraussetzung, um Stille überhaupt empfinden zu können. Die meisten Menschen brauchen zusätzlich noch etwas Mut, um sich freiwillig der Ruhe zu stellen, denn es initiiert eine intensive Begegnung mit sich selbst und dem üblicherweise ignorierten inneren Gedankenlärm.

Darüber hinaus beeinträchtigen vielfältige äußere Schallbelastungen und der Krach unserer weitestgehend bebauten und belebten Umwelt den Alltag vieler Menschen zunehmend. Das wirkt sich negativ auf das Wohlbefinden aus und wird für die Entstehung verschiedenster Stresserkrankungen verantwortlich gemacht. Vermehrte Belastungen durch Infraschall spielen hier eine krankmachende Rolle. Infraschall bezeichnet Wellen mit sehr niedrigen Frequenzen unterhalb des menschlichen Hörvermögens, z. B. von Windkraftanlagen, und einer allgegenwärtigen Maschinen- und Bauakustik. Hinzu kommen Lärmgettos durch Autobahnen, Flugzeuge, Elektrogeräte, Heizungsanlagen, Lüfter, Transformatoren, lärmende Nachbarn etc., die stetig Töne, Frequenzen, Vibrationen und Intervalle verursachen. Das wird von vielen Menschen als nervtötend wahrgenommen und kann zu psychischen Belastungen, Konzentrations- und Schlafstörungen bis hin zu Burnout führen.

Lärmbelästigungen am Tag und besonders auch in der Nacht sorgen dafür, dass Dein Körper Stresshormone ausschüttet, was u. a. den Tonus Deiner glatten Muskulatur, die mit dem vegetativen Nervensystem korrespondiert, erhöht, Deinen Blutdruck steigen und die Herzfrequenz hochgehen lässt. Echte Regeneration wird damit unmöglich – übrigens auch dann, wenn Du den Lärm vordergründig noch gar nicht als störend empfindest. Deine vorhandene oder auch nicht vorhandene Regenerationsfähigkeit in der Nacht lässt sich zum Beispiel mit geeigneten Biofeedbacksystemen gut analysieren.

DER SINN UNSERER WAHRNEHMUNGSFILTER

Wir sind also während des Tages überwiegend dieser beschriebenen äußeren und inneren Geräuschkulisse ausgesetzt, an die wir uns längst gewöhnt zu haben glauben. Doch ist unsere Interpretation von Stille in Wahrheit nicht wirklich geräuschlos. Wir alle verfügen über ein inneres Filtersystem als wichtigen Schutzmechanismus, der dafür sorgt, dass wir viele Töne und Signale einfach überhören, um eine übermäßige Belastung und Reizüberflutung für unser Gesamtsystem zu vermeiden. Laut wissenschaftlichen Studien gehen Psychologen davon aus, dass ein Mensch in jeder Sekunde mindestens einer Million (!) Sinneseindrücke ausgesetzt ist. So gesehen ist es mehr als hilfreich, dass unser Filtersystem nur die wenigsten dieser Reize als für uns relevant ins Bewusstsein kommen lässt, da wir sonst vollkommen überfordert wären. Ein Problem, das zum Beispiel hypersensible Menschen, die sehr viele Eindrücke gleichzeitig aufnehmen, nur zu gut kennen und ihrer Umwelt oft gar nicht vermitteln können.

UNSERE WAHRE NATUR

So wie ein Blatt im Wind mit etwa 10 Dezibel raschelt, erreicht ein normales Gespräch bereits satte 60 Dezibel und heutiger Verkehrslärm liegt zum Teil schon bei 80 Dezibel – oft auch nachts. Pop-/Rockkonzerte liegen bei 130 Dezibel, wogegen ein Flugzeugtriebwerk demgegenüber „nur“ auf etwa 120 Dezibel kommt ... Wenn man diese Spannen betrachtet, kann man sich vorstellen, dass unsere Vorfahren, die nur von Natur umgeben waren, in einem Umfeld lebten, das um ein Vielfaches leiser war als heute. Für genau solche natürlichen Gegebenheiten sind wir biologisch eigentlich vorgesehen und evolutionär betrachtet ist diese Lebensweise erst einen zeitlichen Wimpernschlag her.

Das Praktizieren von Achtsamkeit im Umgang mit aktuellen Einflüssen, dem Lärm und Wellen des Außen bedeutet, bewusst im gegenwärtigen Augenblick zu sein, Gedanken, Gefühle und Empfindungen aufmerksam wahrzunehmen, ohne sie zu bewerten. In dieser Präsenz des Augenblicks sind wir hellwach und offen – nicht etwa verschlafen oder unaufmerksam. In solcher Wachheit können wir den auf uns einströmenden „Wellen" – seien sie angenehm oder unangenehm – interessiert und in Freundlichkeit begegnen, sie wertfrei betrachten und wenn wir es möchten, bewusst und friedvoll auf sie eingehen.

Wie der Volksmund lange weiß, ist Ruhe die beste Medizin. So wird Stille von Therapeuten und Coaches als wichtiges Mittel gegen Stress, zur Regeneration und Selbstfindung empfohlen. Hierbei werden zwei Minuten völliger Stille als deutlich entspannender gesehen als z. B. das Hören von ruhiger Musik. Wer sich sogar zwei Stunden Stille pro Tag gönnt, fördert nachgewiesenermaßen die Regeneration und Neubildung von Gehirnzellen. Sobald äußere Reize entfallen, können unsere Gedanken, Emotionen und unser Herz zur Ruhe kommen. Echte Stille wird zwar grundsätzlich durch eine ruhige Umgebung genährt, doch kommt sie eigentlich aus unserem Inneren. Wenn wir wahrhaft mit unserer inneren Ruhe in Kontakt sind, können wir selbst in äußerer Hektik und Lärm innerlich vollkommen still bleiben. Um diesen Zustand zu etablieren, bedarf es einiger Übung.

ÜBERS LAUTSEIN

Der folgende Passus ist nicht als Bashing, sondern neutral beschreibend gemeint. Nicht selten ist die Eigenart mancher Menschen, in einer für das Umfeld teils unerträglichen Lautstärke oder dissonanten Stimmfrequenz zu sprechen, eigentlich Ausdruck innerer Unausgeglichenheit („zu viel Lärm im Kopf" oder andere Formen von Stress) und ein Ventil, um Überdruck im wahrsten Sinne des Wortes abzufackeln. Hier können warmherziges Feedback und Achtsamkeitstraining helfen, solche unbewussten Verhaltensmuster wahrnehmen zu lernen, mit sich in eine innere Balance zu kommen und überschüssige Energie sinnvoll zu kanalisieren.

ÜBERS ACHTSAMSEIN

Beim Trainieren Deines Achtsamkeitsmuskels löst Du Dich sukzessive von dem Reflex, Dich von äußeren Reizen bestimmen zu lassen, Dich in Mangeldenken, Grübeleien, Bewältigung der Vergangenheit oder in Sorge um die Zukunft zu verstricken. Du wendest Dich einfach klar und aufmerksam dem Hier und Jetzt Deiner Gegenwart zu und eröffnest Dir so die Chance, zu erkennen, wer Du über die ganzen Äußerlichkeiten hinaus eigentlich wirklich bist – der vielleicht beste Weg, um mit Dir und Deiner Welt wahrhaft in einen Frieden zu kommen.

Mittlerweile ist die Wirksamkeit von gelebter Achtsamkeit hinreichend wissenschaftlich belegt. Wie bereits erwähnt, können das Innehalten und Ruheschöpfen auch in einer eigentlich nicht allzu stillen Umgebung erlernt werden. Eine solche Übungspraxis wirkt ausgleichend und inspirierend zugleich. Empfindungen vergleichbar mit dem „Runners High" können durchaus damit einhergehen – allerdings ohne die damit verbundene aufgekratzte Euphorie, sondern kraftvoll und gleichzeitig still. Weitere hervorgerufene Zustände und Empfindungen können sein: Gefühle von Einssein, Erfüllung, tiefer Frieden, Beseelung,

Dankbarkeit, Liebe und vieles mehr. Und wahrscheinlich wirst Du diesen Zustand Dritten gegenüber nur schwer bis gar nicht in Worten beschreiben können – und das ist ganz normal. Versuche es dann am besten auch gar nicht. Andere werden es so oder so früher oder später sehen und spüren. Sei es durch Deine strahlenden Augen, eine höhere Klarheit, Deine ansteckende Ruhe und wohltuende Ausgeglichenheit oder warmherzigen Humor. Vielleicht kennst Du selbst auch solche Menschen.

DIE KRAFT VON RITUALEN

Nach meiner Beobachtung mangelt es uns heutzutage generell an geeigneten Achtsamkeitsübungen in Form bewusster Rituale, wie sie in allen Kulturen seit Menschengedenken gepflegt und zur Ausbalancierung von Körper und Geist eingesetzt wurden. So haben Gebete und Meditationen leider vielerorts den eigentlichen Sinn und ihren jahrtausendealten Stellenwert verloren. Gerade im Business werden sie zu Unrecht noch eher belächelt. Aus meiner Sicht trägt es mit dazu bei, dass viele Menschen gerade in diesem Kontext unausgeglichen und überreizt sind. Zum Glück beginnt sich diesbezüglich unaufhaltsam der Wind zu drehen, was sich auch im zunehmenden Interesse an diesen Themen in meiner täglichen Coachingpraxis widerspiegelt.

12

ATMEN – DAS AM MEISTEN UNTERSCHÄTZTE HILFSMITTEL

Aus welchem Grund Du Coaching zur Steigerung Deiner Atemkompetenz nutzen solltest:

Die Atmung ist praktisch der einzige autonome Prozess Deines Körpers, den Du zu einem gewissen Grad beeinflussen kannst und der eine immense Wirkung auf Dein Energielevel und damit auf Deine mentale und körperliche Leistungsfähigkeit hat.

„Atmen spiegelt elementarste Aspekte des Lebens wider, wie Aufnehmen und Abgeben, den natürlichen Rhythmus von Anspannung und Entspannung, die Balance von Yin und Yang und die Verbindung von Innenwelt zur Außenwelt.“

Wahrscheinlich ist bewusstes Atmen die älteste und gleichzeitig wirkungsvollste Achtsamkeitsübung der Menschheit. Atemübungen werden von unzähligen Menschen weltweit je nach Intention für folgende Zwecke eingesetzt:

» Zentrierung, Aufmerksamkeits- und Resilienztraining
» Körperliche und mentale Entspannung und Regeneration
» Energetisierung und Aktivierung
» Verbesserung der allgemeinen Lungenfunktion
» Steigerung der Sauerstoffaufnahmekapazität
» Entsäuerung und Entgiftung des Körpergewebes
» Linderung psychischer und psychosomatischer Krankheitsbilder

Aus physiologisch-biologischer Sicht ist festzustellen: *„Du wirst geatmet“*, da sich die Atmung völlig autonom vollzieht, gesteuert durch Dein vegetatives Nervensystem. Und doch kannst Du darauf einen gewissen Einfluss nehmen, beispielsweise zur Steigerung Deiner Achtsamkeit und Zentrierung, und so davon profitieren. Dazu folgendes Beispiel:

Wenn Du mental gestresst bist, sorgt Dein Sympathikus-Nerv dafür, dass Hormone ausgeschüttet werden, die Dich in Alarmbereitschaft (= Anspannung) versetzen und Dich leider auch über längere Zeit dort halten können. Die im Business von Jahr zu Jahr steigenden Burnout-Zahlen sprechen Bände. Im vegetativen Sympathikus-Modus schlägt Dein Herz schnell, die Atmung ist ebenfalls schnell, allerdings „flach“. Anspannung/Verkrampfung Deiner Tiefenmuskulatur führt zu eingeschränkter Zwerchfellaktivität und dadurch meist zur sogenannten Schlüsselbeinatmung, die lediglich im oberen Brustkorb stattfindet. Auf Dauer ist das wenig effektiv für eine befriedigende Sauerstoffaufnahme und CO2-Ausleitung. Die Folge ist eine Übersäuerung, auch in Form eines emotionalen „Sauersein“, die den Muskeltonus und physiologischen Stress weiter erhöht.

Bist Du hingegen mental ausgeglichen, sorgt Dein Parasympathikus, Dein Vagus-/Entspannungsnerv, dafür, dass sich der Herzschlag beruhigt, die Atemfrequenz sinkt und durch einen verringerten Muskeltonus mit besserer Zwerchfellaktivität sich die Atmung insgesamt vertieft (Bauchatmung).

Der Trick in gestresstem Zustand ist nun, beispielsweise durch bewusst ruhiges und vertieftes Atmen, Deinen Parasympathikus zu aktivieren – und so einen körperlichen und mentalen Zustand der Entspannung herzustellen. Umgekehrt funktioniert es genauso, indem Du über eine das System „anfeuernde“ Atemtechnik den Sympathikus anwirfst, der Dich dann z. B. zum Abrufen von Höchstleistungen in einen Anspannungsmodus versetzt. Allerdings benötigt das Gros der Menschen zum Ausbalancieren ihres Systems den Aspekt der Entspannung und Entschleunigung heutzutage um ein Vielfaches mehr.

Doch Achtung: Auch wenn Atemübungen grundsätzlich als gesundheitsfördernd anzusehen sind, so kann ein Sauerstoffüberschuss ähnliche Wirkungen wie ein Sauerstoffmangel hervorrufen (z. B. Schwindel bis zu Ohnmacht) oder auch psychisch-emotionale Prozesse verstärken. Je nach Intensität und Durchführungsweise, besonders, wenn Sequenzen des Forcierens oder Anhaltens des Atems eingesetzt werden, können individuelle Reaktionen auftreten. Deshalb solltest Du besonders bei bestehenden körperlichen oder psychischen Vorerkrankungen die Anwendung zuerst mit Deinem behandelnden Arzt, Heilpraktiker oder sonstigen Therapeuten abstimmen und am besten auch professionell begleiten lassen. Gehe in jedem Fall behutsam vor. So ist sichergestellt, dass Du Dich in Deinem persönlichen Entwicklungsprozess stets wohl und sicher fühlst.

ÜBER DAS „HÖHER – SCHNELLER – WEITER"

Es gibt unzählige gute Atemübungen, die Du Dir bei Interesse in aller Ruhe erschließen kannst. Allein im indischen Yoga kennt man im sogenannten Pranayama eine Fülle wunderbarer Übungen, die passend zu den Jahreszeiten, zur Lebensphase oder gezielt z. B. zur Linderung von Beschwerden eingesetzt werden können.

Solltest Du nicht gerade Apnoetaucher oder sonstiger Hochleistungssportler sein, reicht eine einzige zu Dir passende leicht anwendbare Atemübung aus, um Deine Selbstwahrnehmung zu trainieren und Deinen Energielevel zu verbessern, losgelöst von jedweden Rahmenbedingungen, von Alter oder Gesundheitszustand. Auf diese Weise gelingt es Dir, überall und jederzeit leicht zu entschleunigen und dabei Deiner körperlichen und mentalen Gesundheit Gutes zu tun.

5 GRÜNDE, UM GEMEINSAM MIT DEINEM COACH ZU DIR PASSENDE ATEMÜBUNGEN ZU FINDEN:

» Stressbewältigung und Entspannung: Wissenschaftliche Erkenntnisse zeigen, dass Atemübungen einen direkten Einfluss auf das autonome Nervensystem haben. Durch bewusstes Atmen lernst Du, Deinen Körper in den parasympathischen Modus zu versetzen, was Entspannung und Stressabbau fördert. Tiefes Atmen aktiviert den Vagusnerv und reduziert die Produktion von Stresshormonen wie Cortisol, was langfristig zu einer erhöhten Stressresistenz führt.

» Verbesserung Deiner Konzentration und Klarheit: Atemübungen fördern die Sauerstoffversorgung Deines Gehirns, was die kognitive Funktion und die Fokussierung verbessert. Studien zeigen, dass regelmäßiges Praktizieren von Atemtechniken die Aktivität bestimmter Hirnregionen erhöht, die mit Aufmerksamkeit und Bewusstsein verbunden sind. Dadurch kommst Du in die Lage, Deine Gedanken besser sortieren und klare Entscheidungen treffen zu können.

» Förderung der körperlichen Gesundheit: Regelmäßige Atemübungen wirken sich positiv auf Dein Herz-Kreislauf-System aus, senken den Blutdruck und verbessern die Lungenkapazität. Zusätzlich stärken sie Dein Immunsystem, indem sie den Lymphfluss anregen und die Sauerstoffversorgung der Zellen optimieren. In einem spirituellen Kontext wird der Atem auch als Brücke zwischen Körper und Geist gesehen, die bei achtsamem Einsatz Deine körperliche, psychische und emotionale Gesundheit positiv beeinflusst.

» Förderung von Selbstreflexion und emotionaler Intelligenz: Durch Atemübungen lernst Du auf physiologischer Ebene, Deine Gefühle und Emotionen besser wahrzunehmen und zu akzeptieren, ohne von ihnen überwältigt zu werden. Diese erhöhte emotionale Intelligenz ermöglicht es Dir, Deine Reaktionsmuster in stressigen Situationen bewusster zu steuern, was Konflikte in Deinem Leben reduzieren wird und Deine zwischenmenschlichen Beziehungen verbessert.

Spirituell betrachtet, wird das bewusste Lenken des Atems dazu beitragen, Deine Wahrnehmung und Verbindung zur inneren Welt zu stärken.

» Energetische Ausgewogenheit: In der Alternativmedizin wird der Atem als Träger von Energie und Lebenskraft betrachtet. Durch das Erlernen geeigneter Atemübungen wirst Du in die Lage versetzt, Blockaden zu lösen und Dein Energiemanagement zu verbessern. Dies wird zu einem gesteigerten allgemeinen Wohlbefinden führen und den Fluss positiver Energie in Deinem Körper unterstützen.

Der bewusste Einsatz von Atemübungen im Coachingprozess kann eine vielseitige Bereicherung sein. Die wissenschaftlich belegten Vorteile wie Stressreduktion und Konzentrationsverbesserung bieten klare Vorteile für das mentale Wohlbefinden. Aus einer ganzheitlichen Warte betrachtet ist die Verbindung zwischen der höchsten Sinnebene und dem Thema Atmen in vielen spirituellen Lehren und Traditionen im Menschsein seit Urzeiten tief verwurzelt. Diese Verbindung beruht auf dem Erfahrungswissen, dass unser Atem eine Schlüsselrolle bei der Verbindung zwischen Körper, Geist und Seele spielt und dass er auch eine Brücke zu einem allumfassenden kosmischen Bewusstsein darstellt. Hier einige Aspekte, die diese Verbindung verdeutlichen:

» In vielen spirituellen Lehren wird der Atem als Träger von Lebensenergie betrachtet. Es wird angenommen, dass der Atem die vitale Lebenskraft ist – genannt „Prana“ (Sanskrit) oder „Qi“ (Chinesisch) –, die den Körper belebt, die eigentlich das Leben selbst verkörpert.
» Atemübungen werden oft als Mittel zur Bewusstseinserweiterung und zur Erweckung eines ganzheitlichen Bewusstseins verwendet. Durch die bewusste Lenkung Deines Atems kannst Du einen Zustand der Achtsamkeit und Präsenz erreichen, der es Dir ermöglicht, sich mit Deiner inneren Welt zu verbinden und gleichzeitig eine tiefere Verbindung zu einer kosmischen Harmonie und Einheit zu erleben.

- » Der Atem wird in vielen Kulturen als Bindeglied betrachtet, das Körper, Geist und Seele miteinander vereint. Indem Du Dich auf den Atem konzentrierst und ihn bewusst lenkst, bringst Du Körper und Geist in Einklang und beziehst Deine Seelenebene in diese Erfahrung mit ein. Diese Vereinigung ermöglicht Dir ein Gefühl von Ganzheit.
- » Atemtechniken werden in vielen verschiedenen spirituellen Praktiken und Meditationsformen eingesetzt, um einen höheren Bewusstseinszustand zu erreichen. Beispielsweise spielen Atemübungen im Yoga eine zentrale Rolle, um die Chakren (Energiezentren) zu aktivieren, zu reinigen und dadurch die spirituelle Entwicklung zu fördern. In einigen Meditationsformen wird der Atem als Anker verwendet, um den Geist zu beruhigen und den meditativen Zustand zu unterstützen.
- » Die Vorstellung, dass der Atem eine Verbindung zu Deiner Quelle und der allumfassenden kosmischen Energie herstellt, impliziert auch eine Verbundenheit mit dem Universum. Indem Du den Atem als Teil des größeren Ganzen betrachtest, kannst Du Dir darüber bewusst werden, dass Du Teil eines umfassenden kosmischen Gefüges bist, das im Kern reine Liebe ist und Dich versorgt und hält.

Insgesamt betont die Verbindung zwischen dem Thema Atmen und Spiritualität die Bedeutung der Atmung als kraftvolles Werkzeug zur Erweckung des Bewusstseins, zur Förderung von Einheit, Zugehörigkeit und Harmonie sowie zur Entdeckung Deiner wahren Natur im Rahmen eines größeren, kosmischen Ganzen. Dies (wieder) zu erkennen, ist das tiefste Streben der Menschen von Anbeginn der Zeit. So kannst auch Du von diesen Kenntnissen und Fähigkeiten auf Deinem Weg profitieren.

13

DEINE ABSOLUTE SUPERPOWER – HERZQUALITÄT UND RESILIENZ

Aus welchem Grund Du zur Steigerung Deiner Selbstmanagementkompetenz und Resilienz im Rahmen Deines Coachings die HeartMath®-Methode ins Kalkül ziehen solltest:

Kohärenz ist ein Zustand, in dem Dein Herz, Dein Nervensystem und Dein Atemrhythmus harmonisch miteinander arbeiten und dadurch Stressreaktionen reduzieren. HeartMath® kombiniert dazu spezielle Messungen Deiner Herzratenvariabilität (HRV) mit gezielten Übungen, die Dich in die Lage versetzen, Deine Kohärenz selbstgesteuert zu erhöhen. Durch regelmäßiges Training lernst Du, Deine HRV zu regulieren, dadurch Stress leichter zu bewältigen, Deine Gesundheit, Dein Wohlbefinden und Deine Leistungsfähigkeit zu steigern.

KENNST DU DIE WUNDERBARE HEARTMATH®-METHODE?

Die HeartMath®-Methode basiert auf der wissenschaftlich vielfältig verifizierten Erkenntnis, dass Dein Herz und Dein Gehirn ständig miteinander kommunizieren und sich gegenseitig beeinflussen. Allerdings ist dahingehend interessant zu wissen, dass Dein Herz deutlich mehr Impulse zum Gehirn sendet als umgekehrt. Im Kontext von Resilienz ergibt sich hieraus die so hohe Bedeutung des Herzrhythmus für praktisch alle körperlichen, emotionalen und mentalen Zustände – und damit auch für Dein persönliches Energielevel. Mit leicht erlernbaren Übungen, die auf die Regulation des Herzrhythmus abzielen, hilft Dir die HeartMath®-Methode dabei, Deine Herz-Gehirn-Kommunikation zu optimieren.

DIE WAHRE SUPERPOWER LIEGT IN DEINEM HERZEN

Während meiner Ausbildung zum HeartMath®-(Resilienz-) Coach und -Trainer war eine Kernerkenntnis die in meinen Augen herausstechende Besonderheit dieser Methode, nämlich das Sichtbarmachen des jeweiligen Kohärenzstatus und die Möglichkeit, persönliche Fortschritte zu tracken und zu dokumentieren. Durch Echtzeit-Biofeedback lernst Du, Deinen Herzrhythmus und Kohärenzstatus selbständig zu harmonisieren und zu kontrollieren, Stress abzubauen, Emotionen besser zu managen und Deine geistige Klarheit und Leistungsfähigkeit zu steigern. All das initiiert eine Vielzahl positiver Auswirkungen, insbesondere für stark beanspruchte Arbeitnehmer, Manager und Führungskräfte. In einem bewährten, sehr ansprechenden Coaching-Prozess, begleitet durch aussagekräftige Messergebnisse, erfährst Du, wie Du Dich in schwierigen Situationen regulieren und bessere Entscheidungen treffen kannst. Für die Arbeit mit Gruppen und Teams ist das modular durchführbare HeartMath®-Trainingskonzept „Vorsprung durch Resilienz“ eine wunderbare Ergänzung zur individuellen Einzelbegleitung.

HERZRATENVARIABILITÄT (HRV)

Die Herzratenvariabilität (HRV) bezieht sich auf die Variation der Zeitintervalle zwischen aufeinanderfolgenden Herzschlägen. Es ist ein Maß dafür, wie unregelmäßig oder variabel die Herzfrequenz ist. Eine hohe HRV wird in der Regel als gut angesehen und zeigt an, dass das Herz flexibel ist und sich an verschiedene Anforderungen und Situationen anpassen kann. Dies ist ein Zeichen für eine gute Herzgesundheit und eine effiziente Funktion des autonomen Nervensystems, das die Herzfrequenz kontrolliert. Eine niedrige HRV hingegen deutet auf eine geringe Anpassungsfähigkeit des Herzens hin und kann ein Hinweis auf Stress, Erschöpfung des autonomen Nervensystems oder andere gesundheitliche Probleme sein, wobei diese Art der Messung keine medizinische Diagnostik leistet. Die HRV wird oft als Indikator für das Stressniveau und die Fähigkeit, Stress zu bewältigen, verwendet. Eine hohe HRV zeigt an, dass eine Person besser in der Lage ist, mit Stress umzugehen und sich zu erholen, während eine niedrige HRV auf ein erhöhtes Stressniveau hinweisen kann. Die tatsächliche HRV-Spanne, die als „gut" angesehen wird, kann je nach individuellen Faktoren wie Alter, Geschlecht, körperlicher Fitness, Stressniveau und genetischer Veranlagung variieren.

Zu beachten ist, dass HRV-Werte individuell unterschiedlich sind und es keine festen Normen gibt. Was als gut oder nicht so gut angesehen wird, hängt von den individuellen Umständen und Gesundheitszielen ab. Wenn Du spezifische Fragen oder Bedenken bezüglich Deiner HRV hast, macht es Sinn, Deinen Arzt, sonstigen Behandler oder qualifizierten Gesundheitsexperten zu konsultieren.

OHRSENSOR

Der begleitend eingesetzte Ohrsensor ist ein wichtiger Bestandteil der einzigartigen HeartMath®-Methode und wird in der Regel bei den Übungen eingesetzt. Am Ohrläppchen befestigt, verwendet er einen speziellen Lichtsensor und den HeartMath®-spezifischen Rechenalgorithmus, um die HRV sowie weitere Parameter auszulesen. Die gemessenen Daten werden in Echtzeit mit Hilfe der HeartMath®-Software in aussagekräftige Diagramme und Grafiken übersetzt und geben dem Nutzer unmittelbares Feedback über seine Kohärenz und erzielten Fortschritte. All das gibt Aufschluss darüber, wie gut Herz und Nervensystem zusammenarbeiten, um Stress inklusive emotionaler Einflüsse zu regulieren.

Kohärenz nennt sich der Zielzustand, in dem das Herz, das Nerven- und Hormonsystem sowie der Atemrhythmus harmonisch zusammenarbeiten und so Stressreaktionen reduzieren. Der Ohrsensor ist besonders nützlich für Menschen, denen es zu Beginn meist noch nicht so leicht fällt, ihre Herzfrequenz zu regulieren, und/oder die ihre persönlichen Fortschritte beim HeartMath®-Training als Biofeedback in Echtzeit besser verfolgen möchten.

Auf Wunsch vermittle ich spezielle 48-Stunden-Messungen, die Dir mit Hilfe meiner Expertenberatung eine Vielzahl weitergehender Informationen und Parameter zu Deiner Energiesituation, möglichen Risikofaktoren sowie persönlichen Stress- und Regenerationsmustern liefern.

POWERSPEKTRUM

Das in den Messungen sichtbar gemachte sogenannte Powerspektrum ist ein wichtiger Bestandteil der HeartMath®-Methode und liefert wertvolle Informationen über körperliche Reaktionen auf Stress. Das Spannende am Powerspektrum ist, dass es Dir detaillierte Einblicke in die Aktivität des Nervensystems gibt. Wenn Du beispielsweise gestresst bist, aktiviert Dein Körper das sympathische Nervensystem, das Dich in den Kampf- oder Flucht-Modus versetzt und bei vielen Menschen auch in der Nacht die Regeneration verhindert. Stress führt u. a. zu einem schnelleren Herzschlag mit geringerer Herzratenvariabilität. Leider ist genau das für viele Menschen mittlerweile trauriger Normalzustand geworden. Aus einer gesundheitlichen Perspektive ist das jedoch alles andere als „normal", sondern steht in krassem Widerspruch zu natürlichen Zyklen und geht deshalb auch mit hohen Risiken und Nebenwirkungen einher. Das Sichtbarmachen des Powerspektrums hilft, den Zustand Deiner körperlichen Reaktion auf Stress zu beurteilen und Fortschritte bei der Verbesserung Deiner Kohärenz zu verfolgen. Mit der HeartMath®-Software können wir Powerspektrum-Daten in Echtzeit analysieren und einen Rückschluss über Deinen Kohärenzlevel erhalten. Durch dieses direkte Biofeedback lernst Du, wie Du Deine körperliche Reaktion auf Stress regulieren und Deinen Körper in den Zustand von Kohärenz bringen kannst. Erklärtes Ziel der HeartMath®-Methode ist es, Dich dabei zu unterstützen, die Verbindung zwischen Herz und Gehirn zu stärken, was Dir dabei hilft, kohärent zu sein. Das Powerspektrum ist ein wichtiger Part dieses Prozesses, um Deine Fortschritte zu verfolgen. Es dient als ein grafisches Darstellungswerkzeug, das eine Frequenzanalyse der Herzratenvariabilität durchführt. Dies gibt Dir Einblicke in die Aktivität Deines autonomen Nervensystems, indem es die Frequenz- und Amplitudenverteilung der HRV misst und darstellt. Das Powerspektrum zerlegt die Herzrate in verschiedene Frequenzbereiche und gibt so Auskunft über die Dominanz bestimmter Frequenzen, die für kohärente oder inkohärente Zustände stehen. Die Aktivität in den jeweiligen Frequenzbereichen lässt dann Rückschlüsse zu, wie Du auf Stress reagierst und wie gut Du in der Lage bist, Dich zu regulieren.

KOHÄRENZ IST IMMER DIE GRUNDVORAUSSETZUNG FÜR REGENERATION UND RESILIENZ

Hinzu kommt ein weiterer Aspekt, nämlich dass Du in Deinem Menschsein sozusagen „den Lichtweg des Herzens“ gehst. Die Kontraktion Deiner Herzmuskelzellen wird aus biologisch-physikalischer Perspektive energetisch autonom stimuliert durch Lichtimpulse. Das Herz an sich wird in vielen Kulturen quer über den Globus als spirituelles Zentrum, als Sitz der Seele angesehen und nicht nur, wie uns die Schulmedizin glauben machen möchte, als eine lediglich mechanische Pumpe. Zu meinem Coachingverständnis des Dreiklangs von Körper, Geist und Seele später mehr.

14

KRAFTQUELLE GLAUBE UND SPIRITUALITÄT

Aus welchem Grund Du die Beschäftigung mit den Themen Glaube und Spiritualität im Rahmen Deines Coachings ins Kalkül ziehen solltest:

Durch das bewusste Einbeziehen Deiner spirituellen Dimension und Deines Glaubens aktivierst Du Dein inneres GPS und ein immenses Potenzial an Lebensenergie und Lebenszufriedenheit.

ERNEUERBARE ENERGIE MAL ANDERS

Ein in der heutigen Zeit vielfach ungenutztes Reservoir der Kraft, Inspiration und Erfüllung ist der Glaube, oder besser gesagt, das Bewusstsein des Verbundenseins mit einer die Individualität übersteigenden, alles bedingenden und beseelenden Intelligenz. Wie auch immer Du diese Instanz oder Schöpfungsidee in Deinem Weltbild, in Deiner Kultur auch bezeichnen magst, ich persönlich nenne es Gott oder auch göttliche Liebe, sie verbindet Dich mit etwas Größerem, einer universellen Bewusstseinsquelle, die Dir in Deinem Sein alles bereitstellt, was Du zum Wachsen und Reifen brauchst.

Möchtest Du wirklich glauben, dass alles, was Du erlebst, was Du siehst und tief empfinden kannst, wie Schönheit, Wut, Freude, Traurigkeit, Euphorie, Angst, Liebe oder Begeisterung, nur hirngemachte Cocktails aus elektrischen Nervenimpulsen und einer chemischen Hormonsuppe sein sollen? Eine solche

Sichtweise ist zunächst mal völlig in Ordnung, doch für mich persönlich ist das zu eingleisig und zu wenig beseelt. In meinem tiefsten Innersten fühlt es sich nach unendlich mehr an. Ich glaube daran und spüre diese Wahrheit als feine, wärmende Gewissheit in meinem Herzen, dass alles, was ich erlebe, einem übergeordneten Sinn folgt, ich behütet und getragen bin von der bedingungslosen Liebe einer höheren Intelligenz, eines Schöpfers, den ich in meinem begrenzten menschlichen Verstand nur im Herzen erfassen kann – und dann auch nur als ein zartes Gefühl und gleichzeitig ein intensives und alles durchdringendes Licht. Wie ist Deine Wahrheit dazu?

DER HAMSTER UND SEIN RAD

Einen Sinn im Dasein, im täglichen Tun zu finden, ist seit Menschengedenken die größte Kraftquelle überhaupt und im Kern die Triebfeder allen Handelns. Wenn ich mich umschaue, scheint es mir so, dass das Gros der Menschen dieses existenziellste Lebensthema überhaupt mit aller Macht auszusparen versucht, nämlich die Beschäftigung mit der eigenen Vergänglichkeit. Um da nicht hinschauen zu müssen, lenken sich selbst begnadetste Denker und Problemlöser mit jeder Menge „wichtiger“ Arbeit und danach mit gehörigem Freizeitstress ab und hoffen, dass so der Kelch an ihnen vorübergeht. Doch kann die Beschäftigung mit der materiellen Vergänglichkeit und gleichzeitig der grenzenlosen, unsterblichen Seele ein mächtiger Quell der Kraft, Zuversicht und Freude sein. Alles andere ist angstvolles und damit energieraubendes „Weglaufen vor dem schwarzen Mann“. Letzteres spielt beispielsweise den großen Konzernen in die Karten, weil sich dort Angebot und Nachfrage gut ergänzen. Es braucht diese Unternehmen, die großzügig die nötigen „Hamsterräder der Ablenkung“ anbieten, und rein zufällig finden sich dann auch unzählige „willige Hamster“, die diese Gelegenheit nutzen. Und während sie sich ausbeuten und verheizen lassen, versuchen sie sich einzureden, das Hamsterrad wäre die heilige Treppe nach oben.

Doch wenn Du das jetzt so liest, sei Dir gewiss, dass ich genau weiß, wovon ich rede. Denn ich bin selbst oft genug „Hamster" gewesen, bis ich irgendwann aufgewacht bin und den dahinter liegenden Selbstboykott realisiert habe. In Wahrheit nehmen wir nichts mit. Das letzte Hemd hat keine Taschen, auch wenn viele Menschen zwanghaft Materielles anhäufen, um sich dadurch vermeintlich besser zu fühlen. So bezeichne ich Burnout auch als „Seeleninfarkt". Denn Dein höheres Selbst reagiert sehr fein durch entsprechende Reaktionen in Deinem Gesamtsystem, weil es sehr wohl weiß, ob die Ausrichtung in Deinem Leben und der Umgang mit Dir selbst und Deiner Welt sinnvoll für Deine Seelenentwicklung ist oder nicht. Alles, was eigentlich keinen Sinn für Dich macht, entzieht Dir Lebensenergie und damit Lebensfreude, was bis zum „Shutdown" führen kann. Dadurch sollst Du die Gelegenheit bekommen, Dich zu sammeln und neu (sinnvoller) auszurichten. Das ist es auch, was viele Burnout-Kandidaten im Nachhinein tun oder zumindest versuchen. Besonders in solchen existenziellen Phasen der Neukonfiguration braucht es enge Begleitung durch einen erfahrenen Coach oder Therapeuten, um nicht bald wieder in alte Muster und Gewohnheiten abzutauchen.

DER DREIKLANG

So lebe ich in meiner Arbeit mit Klienten den Dreiklang aus Körper, Geist und Seele. In unserem Sein sind stets die körperliche, die mental-emotionale und die spirituelle Ebene involviert. Ein ganzheitlich ausgerichteter Coach sollte deshalb in der Lage sein, zu erkennen, welche dieser Ebenen mit welcher Herangehensweise „dran ist". Insofern können Interventionen einmal mehr materieller (körperlicher, psychischer) und manchmal mehr feinstofflicher (energetischer, spiritueller) Natur sein – oft sogar beides kombiniert. Dich als spirituelles Wesen und eine in der Essenz reine Seele, als pures Bewusstsein zu verstehen, das gerade eine menschliche Erfahrung macht, offenbart unbeschreibliche Schönheit und öffnet neue Horizonte. Coaching „darf" nach meiner Überzeugung dieses das komplette Sein durchdringende Thema Spiritualität deshalb auch nicht aussparen. Natürlich entscheidest immer Du, ob überhaupt oder zu welchem Zeitpunkt Du Dir diese Kraftquelle erschließen möchtest. Nichts muss, alles kann. Im letzteren Fall betrachte es als Segen, wenn Du einen spirituell versierten Coach an Deiner Seite hast.

„An was glauben Sie eigentlich so?"

Aus persönlichen Rückmeldungen im Rahmen meiner Coachingtätigkeit weiß ich, dass beispielsweise Führungskräfte solche und ähnliche Fragen von Mitarbeitern immer häufiger gestellt bekommen. Das ist nicht überraschend, denn genau das sind die Zeitgeist-Themen, mit denen sich Menschen heutzutage zwanglos auseinandersetzen und sich deshalb auch den entsprechenden Bewusstseinsgrad ihrer Führungskräfte wünschen. Fühle einmal in Dich hinein, wie Deine eigene Einstellung hierzu ist. Sind es für Dich Fragen, die eher Unsicherheit und Stress erzeugen – oder kommst Du zu dem Ergebnis, dass es für Dich als Führungskraft eigentlich eine Bereicherung, vielleicht sogar das Salz in der Suppe Deines Berufsalltages darstellt?

Hilfreich finde ich, Dir zu vergegenwärtigen, dass bereits in den 1970er Jahren der renommierte Sozialpsychologe Abraham Maslow seine allerorten bekannte Bedürfnispyramide um die oberste Ebene der Transzendenz erweiterte, die in der Vermittlung des Modells leider meistens geschlabbert wird. Diese oberste Pyramidenspitze beschreibt die Beschäftigung mit der eigenen Spiritualität und der Suche nach Gott als eine das individuelle Selbst überschreitende Dimension, die außerhalb des beobachtbaren Systems liegt. Es handelt sich hierbei um das höchste menschliche Streben zu allen Zeiten und in allen Kulturen rund um den Globus. Vergleichbare Ansätze findest Du in den (Neuro-) Logischen Ebenen nach Roberts Dilts, dem Mitbegründer des modernen NLP. In diesem Modell, wie auch in einigen weiteren, wird die Sinn-Ebene (Lebenssinn und Spiritualität) als wirkungsvollste Ebene der menschlichen

Interventionen gesehen. Das bedeutet nichts anderes, als dass menschliches Bewusstsein auf dieser Ebene seine höchstmögliche Energie entwickelt, um persönliche Entwicklungsschritte zu vollziehen und seine Talente zu entfalten. Die Sinn-Ebene beherbergt also auch für den Businesskontext ein immenses Energiepotenzial. Insofern erscheint es geradezu fahrlässig, diese Aspekte in Unternehmens- und Führungskulturen auszusparen. Ich erachte es u. a. als höchst plausibel, dass getragen vom heutigen ganzheitlichen, alles durchdringenden Zeitgeist sich auch die Anforderungen an notwendige Führungs-Skills grundlegend weiterentwickeln und eine tiefergehende Auseinandersetzung auf verschiedenen Ebenen des Seins erfordern. Menschenführung beinhaltet als wesentliches Fundament immer die Fähigkeit der ganzheitlichen Selbstführung.

„Führungskräfte werden künftig nicht mehr ausschließlich durch Fachkompetenz und Methodenvielfalt Wirksamkeit entfalten können."

Im Thema Leadership werden gute handwerkliche Fähigkeiten heutzutage vorausgesetzt und sollten natürlich auch gepflegt werden. Neu hinzu kommt, dass Mitarbeiter, besonders die in Zeiten des Fachkräftemangels intensiv umworbenen Talente, sich immer bewusster gereifte Persönlichkeiten mit Vorbildcharakter aussuchen, die nicht nur die Arbeitsbienen-Mentalität verkörpern, sondern deutlich mehr Tiefgang ausstrahlen. Dazu gehört, dass Führungskräfte mit Neugier und Interesse über das Leben im Allgemeinen reflektieren und sie ein spürbares Maß an Stabilität und Gelassenheit aus menschlichen Werten, aus Ethik und einer Selbstverständlichkeit in der Beschäftigung mit der eigenen Spiritualität ziehen können. Hier wird das Mindset als die Voreinstellung des Denkens, Glaubens und Fühlens zu einem immer wichtigeren Erfolgsfaktor für Mitarbeiterbindung und Führungsperformance. Diesbezügliche Erwartungshaltungen zunehmend mündiger und bewusster werdender Arbeitnehmer, die sich heutzutage nicht nur sporadisch, sondern längst intensiv mit ganzheitlichen Sinnfragen ihres Daseins beschäftigen, rücken verstärkt in den Fokus.

Zu beobachten ist, dass in Unternehmenskulturen über lange Zeit gelebte Werte, wie beispielsweise stets gehetzt und getrieben zu sein und auch andere anzutreiben sowie antiquiertes Statusstreben, Konkurrenzdenken, „kompetitive Aggressivität" und Defizitbetonung rasant an Wirkung verlieren. Vielmehr wird das Bedürfnis von Arbeitnehmern spürbar, im Job Kraft zu schöpfen aus echter Begegnung mit offenem Herzen, aus Freude, Erfüllung, Spaß am angstfreien Ausprobieren und gemeinsamen Wachsen. Dies alles im Bewusstsein eines sinnerfüllten Lebens und getragen von Zuversicht, Selbst- und Gottvertrauen. Eine solche Kultur bedeutet nicht unbedingt, weniger zu arbeiten, allerdings verändert sich das „Wie" des Arbeitens und des Miteinanders tiefgreifend. Auf einem dergestalt sinnerfüllten Fundament beispielsweise in der Lage zu sein, sich selbst und andere nach Rückschlägen wieder aufzubauen und in ihre Kraft zu führen, wird zu neuer Führungsstärke. So gehört heutzutage die Berücksichtigung der wissenschaftlich hinreichend belegten positiven Wirkungen einer bewusst in den Alltag integrierten Achtsamkeitspraxis fast schon zwingend zum Rüstzeug eines starken und akzeptierten Leaders. Die Bereitschaft zu regelmäßiger, konstruktiver Reflexion der eigenen Persönlichkeit, des Wertesystems und Lebenssinns wird zu einem regelrechten Erfolgsfaktor effizienter Selbstwirksamkeit, Authentizität und Charisma.

Ich bin persönlich überzeugt, dass es sich lohnt, den Glauben an eine geistige Instanz, nennen wir es Schöpfer, höhere Intelligenz oder einfach Gott, wieder mehr in unseren Alltag einziehen zu lassen. Das Unterstellen einer höheren Ordnung kann Dir helfen, auch einmal Durststrecken zu überwinden, wenn Du beispielsweise den Sinn einer als unangenehm oder sogar bedrohlich empfundenen Erfahrung gerade nicht verstehst. Indem Du lernst, darauf zu vertrauen, dass jedes Ereignis, auch und gerade das besonders herausfordernde, Dich persönlich wachsen lässt und Du nie wirklich vom sinnerfüllten Universum und der für Dich individuell relevanten göttlichen Instanz getrennt bist, fällt es Dir deutlich leichter, Frieden zu schließen im innen und außen – und ebenfalls mit bisher vielleicht unbeantworteten Fragen wie:

„Wer bin ich? Warum bin ich? Was ist der Sinn meines Daseins? Warum passiert (mir) das? Wo komme ich her und wo gehe ich hin?"

All dies sind überaus wichtige Fragen des Menschseins, die unsere privaten wie beruflichen Gegebenheiten, Wünsche und Ziele durchdringen und allein deshalb auch im Businesskontext eine angemessene Aufmerksamkeit verdienen. Falls Du in der Beschäftigung hiermit inneren Widerstand, Zweifel, vielleicht sogar Wut, Angst, Enttäuschung, behindernde Glaubenssätze oder Ähnliches erkennst, reflektiere und bearbeite diese in aller Ruhe mit Deinem in diesen Themen versierten Coach.

WARUM WIRD IM BUSINESSBEREICH DAS THEMA SPIRITUALITÄT MIT DEM TOTSCHLAGARGUMENT „ZU ESOTERISCH" FAST SCHON PANISCH AUSGEKLAMMERT?

Die häufig zu beobachtende Ablehnung, das Thema Spiritualität im Businessbereich aufzugreifen, hat meiner Meinung nach verschiedene Gründe, mach' Dir zur Frage der Sinnhaftigkeit dazu Deine eigenen Gedanken:

Der Businessbereich ist in der Regel stark auf Rationales, harte Fakten und Effizienz ausgerichtet. Spirituelle Konzepte und Themen werden als subjektiv, „weich" und schwer messbar gelabelt, was im Kontext der Geschäftswelt als irrelevant und störend angesehen wird. Zum Glück für diese Unternehmen haben die meisten Arbeitnehmer keine Kenntnis von den vielfältigen Studien, die es mittlerweile dazu gibt, die das klar widerlegen.

Darüber hinaus wird befürchtet, dass die Assoziation mit spirituellen und esoterischen Themen die Wahrnehmung der Öffentlichkeit und damit die eigene Reputation beeinträchtigen könnte. Sie möchten vermeiden, als „unseriös“ oder „unwissenschaftlich“ angesehen zu werden. Hinzu kommen überholte Glaubenssätze, wie z. B. Menschen sollen bitte Arbeit und Privatleben getrennt halten („Arbeit ist Arbeit und Schnaps ist Schnaps“) und den Arbeitsplatz vorrangig als Ort sehen, an dem rein geschäftliche Angelegenheiten behandelt werden. Spirituelle Themen werden als zu persönlich oder intim angesehen und gehören deshalb nicht ins Geschäftliche. Interessant ist dabei zu beobachten, dass dieselben Unternehmen viel dafür tun, dass die Arbeit immer weiter ins Privatleben diffundiert – sei es über flexible Arbeitsmodelle, fancy Chillout-Sessions im Büro, Initiieren „freiwilliger“ Teilnahmen an Sportveranstaltungen (z. B. Team-Läufe), werbeträchtige soziale Engagements und vieles mehr. Gruppendynamische Zugzwänge sind da auf jeden Fall herzlich willkommen.

Nicht wenige Führungskräfte und Unternehmen in traditionellen Geschäftskulturen machen sich auch Sorgen, dass die Einführung spiritueller Themen den Arbeitsplatz unkontrollierbar oder chaotisch machen könnten. Es besteht eine sprichwörtliche Angst vor Kontrollverlust, dass Mitarbeiter ihre Aufgaben vernachlässigen, um spirituellen Praktiken nachzugehen. Auch könnten die Mitarbeiter schwerer zu steuern sein, wenn sie ein reiferes Bewusstsein entwickeln und mehr Eigenverantwortung leben. Für mich ist dieses Ausklammern-Wollen übrigens mit ein Grund, warum viele Unternehmen und Konzerne über Fachkräftemangel klagen. Die heutigen Bedürfnisse und Erwartungen der Menschen an moderne, menschenfreundliche Unternehmenskulturen haben sich eklatant weiterentwickelt. Immer weniger Arbeitnehmer haben noch Lust auf das sinnentleerte Spiel mit der Möhre und dem Esel.

Quer durch alle Branchen arbeiten Menschen unterschiedlicher kultureller Hintergründe und religiöser Vielfalt. In diesem Kontext wird gerne vorgeschoben, dass das Einführen von spirituellen Themen Kontroversen und Spannungen zwischen den Mitarbeitern verursachen könnte. Doch widerspricht das ja ganz offensichtlich genau diesem Vielfaltsgedanken.

Trotz solcher derzeit noch vorherrschender antiquierter Glaubenssätze gibt es in zunehmender Zahl Unternehmen und Führungskräfte, die Themen rund um Spiritualität, Ethik und Sinn auf die ein oder andere Weise in ihre Geschäftsbereiche und die gelebte Unternehmenskultur integrieren und die vielen Vorteile erkennen, die sie für Mitarbeiter und die gesamte Organisationskultur mit sich bringen. Gesellschaftlich längst etablierte Achtsamkeitspraktiken wie Meditation oder das Praktizieren von Mitgefühl und Offenheit gegenüber alternativen Weltbildern und Lebensmodellen fördern wissenschaftlich belegt das Wohlbefinden der Mitarbeiter, unterstützen die Stressbewältigung und tragen zu einer gesunden, positiven und attraktiven Arbeitsumgebung bei.

WIE WIRD DAS TIEF VERANKERTE STREBEN DES MENSCHEN NACH SPIRITUALITÄT EIGENTLICH AUS DER PSYCHOLOGISCHEN WARTE ERKLÄRT?

Das Streben der Menschen nach Spiritualität ist ein vielschichtiges und tief verwurzeltes Sehnen, das sich aus verschiedenen psychologischen Ansätzen und Perspektiven erklärt. Hier einige der wichtigsten Erkenntnisse aus der Psychologie:

» Die **transpersonale Psychologie** befasst sich speziell mit den höheren, transzendentalen und spirituellen Aspekten der menschlichen Erfahrung. Sie betrachtet den Menschen nicht nur als individuelles Wesen, sondern auch als ein Wesen, das in eine größere, spirituelle Dimension eingebettet ist. Transpersonale Psychologen sehen das Streben nach Spiritualität als natürlichen Teil der menschlichen Entwicklung und betrachten spirituelle Erfahrungen als eine Quelle von Wachstum und Selbsterkenntnis.

- Psychologen wie Abraham Maslow und Viktor Frankl haben stets betont, dass Menschen das grundlegende **Bedürfnis nach Selbstverwirklichung und einem Sinn im Leben** haben. Spiritualität ist hier ein zentraler Schlüssel, diesen tiefen Bedürfnissen gerecht zu werden, indem sie den Menschen ein Gefühl von Bedeutung, Zweck und Verbundenheit vermittelt.
- **Kognitive Psychologen** haben die menschliche Neigung untersucht, Muster zu erkennen, Bedeutungen zu suchen und die Welt zu interpretieren. Der Wunsch nach Spiritualität wird hier als Ergebnis dieser kognitiven Prozesse verstanden, da Menschen oft nach Bedeutung und Zusammenhängen suchen, um ihre Erfahrungen zu verstehen und einen Sinn in ihrem Leben zu finden.
- Die Suche nach Spiritualität wird generell stark von **sozialen und kulturellen Einflüssen** geprägt. Familiäre und gesellschaftliche Wertesysteme, religiöse Praktiken und Gemeinschaften beeinflussen und lenken das Streben nach Spiritualität, seit es Menschen gibt. So wird dieses menschliche Bedürfnis auch als das tiefe Sehnen nach Zugehörigkeit verstanden, die von jeher Sicherheit und damit das Überleben gewährleistet hat.
- Die **Existenzialpsychologie** beschäftigt sich mit grundlegenden Fragen des menschlichen Lebens, einschließlich Fragen nach Sinn, Tod und Freiheit. Spiritualität wird als eine Chance verstanden, mit existenziellen Herausforderungen besser umzugehen und Antworten auf tiefgreifende Fragen zu finden.
- Die **positive Psychologie** untersucht Faktoren, die zu einem erfüllten und glücklichen Leben beitragen. Spirituelle Praktiken und Erfahrungen, wie Dankbarkeit, Achtsamkeit und Mitgefühl, werden hier mit höherer Lebenszufriedenheit und Wohlbefinden in Verbindung gebracht.

Im Hinterkopf zu behalten ist, dass das Streben nach Spiritualität generell eine individuelle Angelegenheit ist, die von Person zu Person variieren kann. Manche Menschen finden ihre spirituelle Erfüllung in organisierten Religionen und Staatskirchen, während andere sie in persönlichen Überzeugungen, philosophischen Schulen, Naturerfahrungen und anderen Quellen entdecken. Die Erkenntnisse der Psychologie (sowie Dein eigener gesunder Menschenverstand inklusive Deiner Intuition) können dazu beitragen, persönliche Motive und die Auswirkungen dieses Strebens auf Dein Wohlbefinden und Deine Lebensqualität besser zu verstehen.

INTEGRATION IN DEN COACHINGPROZESS

Die Integration von Glaube und Spiritualität in einen Coachingprozess kann von großer Bedeutung sein und verschiedene Vorteile mit sich bringen. So kann Spiritualität Dir dabei helfen, Deine Lebensziele zu klären und einen tieferen Sinn im Leben zu entdecken. Die Ausrichtung auf spirituelle Werte und Überzeugungen unterstützt Dich dabei, Klarheit und Fokus in persönlichen Entscheidungen und Handlungen zu finden. Spirituelle Praktiken und der Glaube an etwas Höheres sind Quellen der Inspiration und Kraft, besonders in schwierigen Zeiten. So kann Spiritualität Deine Resilienz stärken und den Umgang mit Stress und Herausforderungen verbessern. Auch ist unbestritten, dass Meditation und Gebet tiefe innere Reflexion und Selbsterkenntnis fördern und Du so eigene Bedürfnisse, Werte und Glaubenssätze besser verstehen lernst. Festzustellen ist auch, dass die Integration von Spiritualität in Deinen Alltag vielfältige positive Wirkungen auf zwischenmenschliche Beziehungen hat, da sie Mitgefühl, Vergebung und Toleranz fördert. Generell kann Spiritualität Dir als starke Ressource dienen, um Konflikte in Deinem privaten und beruflichen Leben auf friedliche und konstruktive Weise anzugehen. Sie wird zur Förderung von Vergebung und Versöhnung beitragen. Auch spielen Glaube und Spiritualität eine Rolle bei der Entwicklung von ethischen Werten und moralischem Handeln und werden meist automatisch als Leitlinien für ein moralisch verantwortungsbewusstes Verhalten herangezogen. Spirituelle Praktiken unterstützen Dich auf jeden Fall dabei, Deine innere Ruhe und Gelassenheit zu finden. Höheres Wohlbefinden und Lebenszufriedenheit sind die Folge. Es spricht also einiges dafür, oder?

Abschließend ist vielleicht noch hilfreich zu erwähnen, dass selbstverständlich nicht alle Klienten eine spirituelle Ausrichtung haben oder suchen. Als Coach sehe ich es mit Blick auf die große Kraft dieses Themas als meine Verpflichtung an, die individuellen Wünsche und Ziele einfühlsam und respektvoll zu hinterfragen und Themen wie Glaube und Spiritualität erst dann in den Prozess zu integrieren, wenn Du als Klient dies ausdrücklich wünschst und offen dafür bist. Ein guter Coachingprozess ist immer individuell auf Deine Bedürfnisse und Präferenzen zugeschnitten, um die für Dich bestmöglichen Ergebnisse zu erzielen.

„Wenn Du wissen willst, wie Du Gott zum Lachen bringen kannst, erzähl ihm was von Deinen Plänen.“

15

KÖNIGSWEG LIEBE

Aus welchem Grund Du die Reflexion über Deine Einstellung zur Liebe für Dein Coaching ins Kalkül ziehen solltest:

Weil Du spätestens am Ende Deines Weges realisieren wirst, Liebe war und ist alles, was bleibt. Ohne Liebe im Herzen können keine Erfolge und Siege dieser Welt Dich glücklich machen und Deine wahre Größe wird nie zum Vorschein kommen. Alles beginnt mit der Frage, ob Du Dich von Herzen annehmen, Dich selbst lieben kannst, und zwar genau so, wie Du bist.

„Manchmal muss die Dunkelheit in Deinem Leben die Oberhand gewinnen, damit Dein inneres Licht erkennt, wie es Licht sein kann.“

Der Aspekt Liebe steht auf unterschiedliche Weise in Verbindung beispielsweise mit den Philosophien von Viktor E. Frankl, der Humanistischen Psychologie und der Personenzentrierten Gesprächsführung nach Carl Rogers. In Viktor E. Frankls Logotherapie und Existenzanalyse spielt die Liebe eine zentrale Rolle. Frankl, der den Holocaust eines Konzentrationslagers überlebte, betonte (trotz alledem) stets die Bedeutung von Liebe und Verbundenheit als eine der grundlegenden Dimensionen des menschlichen Daseins. Er war überzeugt, dass die Suche nach Sinn und Bedeutung im Leben untrennbar mit der Suche nach Liebe und Beziehungen verbunden ist. Liebe kann Menschen dazu inspirieren, einen tieferen Zweck zu finden und sich unabhängig der eigenen Geschichte über sich selbst hinaus für andere Menschen einzusetzen. Frankl betonte auch die Bedeutung der Liebe als ein Motiv, das den Menschen dazu bringt, trotz schwieriger Lebensumstände Hoffnung zu bewahren und sich für Nächstenliebe und ein sinnvolles Leben einzusetzen.

Die Humanistische Psychologie, zu der auch die nachfolgend beschriebene Personenzentrierte Gesprächsführung gehört, legt ebenfalls großen Wert auf die Bedeutung von Liebe, Selbstverwirklichung und persönlichem Wachstum. In der humanistischen Sichtweise ist die Liebe eine transformative Kraft, die die Menschheit zu ihrer vollen Potenzialentfaltung ermächtigt. Die humanistische Psychologie betont, dass Menschen das Bedürfnis haben, geliebt zu werden und Liebe zu geben, um ihr emotionales Wohlbefinden zu sichern. Liebe spielt eine entscheidende Rolle in der Fähigkeit, positive zwischenmenschliche Beziehungen aufzubauen – aber vor allem auch, um das eigene Selbstwertgefühl zu stärken. So gehen Selbstliebe und Selbstwert Hand in Hand.

Die Personenzentrierte Gesprächsführung nach Carl Rogers legt den Schwerpunkt auf die Bedeutung von Empathie, Wertschätzung und bedingungsloser positiver Zuwendung für das Wachstum und die positive Veränderung eines Menschen. Liebe ist in diesem Kontext als eine Form der bedingungslosen Wertschätzung zu verstehen, die dem Klienten eine sichere und unterstützende Umgebung bietet, in der er sich entfalten und entwickeln kann. Rogers betonte stets, dass Liebe und Empathie entscheidend sind, um ein Klima des Vertrauens und der Offenheit zu schaffen, das es dem Klienten ermöglicht, sich selbst besser zu verstehen und persönliche Veränderungen zu vollziehen.

Insgesamt unterstreichen sowohl Viktor E. Frankl als auch Carl Rogers die Bedeutung von Liebe als zentrales Element für das menschliche Wohlbefinden, persönliches Wachstum und die Suche nach Sinn und Bedeutung im Leben. Die Integration des Aspekts Liebe in die jeweiligen Beratungsansätze hat eine transformative und heilende Wirkung.

NUTZEN EINER METAPERSPEKTIVE

Die Würdigung und Bearbeitung des Aspekts „Liebe" aus einer Metaperspektive im Rahmen des Coachingprozesses kann für Dich verschiedene Nutzen und Erkenntnisse mit sich bringen. Hiermit ist übrigens nicht die romantische Liebe gemeint, sondern ein übergeordnetes (bewussteres, reiferes) Verständnis von bedingungsloser (höherer) Liebe. Das Einnehmen dieser Metaperspektive auf die verschiedenen Ebenen von Liebe ermöglicht es Dir, Deine eigenen Einstellungen, Überzeugungen und Verhaltensweisen in Bezug darauf zu erkunden. Dadurch wirst Du ein tieferes Verständnis für Dich selbst gewinnen und wahrscheinlich auch Aspekte identifizieren, die einer gesunden Selbstliebe im Wege stehen. Und ohne Selbstliebe ist alles nichts. Indem Du die Facetten der Liebe aus übergeordneter Perspektive betrachtest, wirst Du Deine Beziehungsmuster und -dynamiken besser verstehen. So kannst Du erkennen, wie vergangene Erfahrungen Deine gegenwärtigen Beziehungen beeinflussen und welche Veränderungen Du anstreben kannst. Die Auseinandersetzung mit dem Thema Liebe aus einer höheren Warte heraus ermöglicht Dir, Deine dahingehenden Werte zu reflektieren und eventuell zu überdenken. Dies hilft Dir, herauszufinden, welche Bedeutung Liebe in Deinem Leben hat und welche Werte Du in Deinen Beziehungen verwirklichen möchtest. Oft tragen wir unbewusste Glaubenssätze über Liebe und Beziehungen in uns, die uns möglicherweise hindern, erfüllende und gesunde Verbindungen einzugehen. Die Metaperspektive hilft Dir, diese hinderlichen Glaubenssätze herauszufiltern, zu hinterfragen und gegebenenfalls durch neue, sinnvollere zu ersetzen.

DREH- UND ANGELPUNKT SELBSTLIEBE

Wenn Du Liebe aus einer Metaebene betrachtest, kannst Du vor allem lernen, Empathie und Mitgefühl für Dich selbst und danach auch für die Bedürfnisse anderer zu entwickeln. Die Betrachtung von Liebe aus der Adlerperspektive erweitert Dein Bewusstsein und ermöglicht Dir, über Deine gewohnten Denkmuster hinauszuwachsen. Wirkliche Liebe kann übrigens nur gefühlt und nicht gedacht werden. Reflexion über Liebe aus einer Metaperspektive schenkt Dir auf jeden Fall die Möglichkeit, positive Veränderungen herbeizuführen und an Deinem persönlichen Wachstum zu arbeiten. Du kommst in die Lage, bewusstere Entscheidungen zu treffen, um Deine Beziehungen und Dein Leben im Einklang mit einer tieferen Wahrnehmung von Liebe zu gestalten.

Die Integration des Themas Liebe in einem spirituellen Kontext kann tiefgreifenden Einfluss auf den Coachingprozess haben. In diesem Kontext wird Liebe als eine verbindende Essenz verstanden, die alles im Universum miteinander vereint. Liebe wird als die einzige Kraft im Universum gesehen, durch die Du nicht ausgeheilte emotionale Verletzungen, ebenso wie Gefühle von Scham und Schuld oder ständiges Getriebensein durch Angst und Wut in Heilung bringen kannst. In vielen ganzheitlich ausgerichteten Schulen und Traditionen wird Liebe als eine übergeordnete schöpferische Kraft betrachtet, die das Universum und damit auch uns Menschen auf unserem Entwicklungsweg lenkt und nährt. Du kannst lernen, diese Sichtweise und Ausrichtung als transformative und kreative Kraft zu nutzen, um positive Veränderungen in Deinem Leben zu bewirken und Deine Ziele zu manifestieren. Im spirituellen Kontext wird Liebe als ein zentraler Schlüssel zur Selbsttranszendenz gesehen. Bei dieser Entdeckungsreise stehe ich Dir auf Wunsch zur Verfügung, Dich anzuleiten, so dass Du Dich selbst mit bedingungsloser Liebe und Akzeptanz betrachten lernst, um Dein persönliches Wachstum und Deine Entwicklung zu fördern. Wenn Du bereit bist, Dein Herz zu öffnen, vermag die Kraft der Liebe Deine Wunden und traumatischen Erfahrungen zu heilen, die oft aus mangelnder Selbstliebe und damit einhergehenden Selbstzweifeln resultieren. Wenn Du heilst, wird dies die stabile Basis dafür sein, selbstloses Handeln und Mitgefühl in Deinem Leben zu praktizieren. Dabei wirst Du die Dir am Herzen liegenden Menschen mit Fürsorge und Verständnis auf ihrem Weg unterstützen und einen positiven Einfluss auf Deine Umgebung, auf Deine Welt haben. Manchmal kann diese Beschäftigung für den ein oder anderen herausfordernd sein, da sie tiefsitzende Emotionen und persönliche Überzeugungen tangiert. So erfordert die Integration der vorgenannten Themen im Coachingprozess eine sensitive Herangehensweise, damit in einem respektvollen Rahmen die Erforschung des Themas „Liebe“ im oben genannten Kontext zu einer sprichwörtlich transformativen Erfahrung werden kann.

Wenn Du es wünschst, lade ich Dich als auch in spiritueller Begleitung ausgebildeter Coach dazu ein, Deine Sichtweisen zu erkunden und zu entdecken, wie Deine Einstellung zu den Facetten von Liebe sich auf Deine Verbindung mit anderen Menschen, der Natur und dem größeren Universum auswirken. Wahre Kraft und Motivation speist sich aus der Liebe in Deinem Herzen und einem Gefühl von Ganzheit. Mit all meiner Erfahrung werde ich Dich dabei unterstützen und Dir einen sicheren Raum bieten, damit Du Dir Deine persönliche Wahrheit in diesem zutiefst Sinn stiftenden Thema erschließen kannst.

HERZLICH WILLKOMMEN,
ICH FREU' MICH AUF DICH!

DEIN

THOMAS DAMRAN LANDSBERG

WEITERE BUCHVERÖFFENTLICHUNGEN DES AUTORS

„Leadership Excellence – Wirkungsvolle Führung durch Achtsamkeit" in hochwertigem Hardcover richtet sich an moderne Führungskräfte aller Hierarchieebenen und an Menschen, die lernen möchten, sich selbst achtsamer zu führen und mit der eigenen Welt im Einklang zu sein. Das Thema Achtsamkeit ist einer der maßgeblichen Megatrends dieses Jahrtausends. Und das aus gutem Grund – geht es doch um nichts Geringeres als die Steigerung des Bewusstseins für ein erfolgsförderndes Mindset. Freuen Sie sich auf ein kraftvolles Arbeitsbuch mit wechselnden Übungsplänen für effektives Selbstmanagement und Mindfulness. In einem intensiven Jahreskurs verbinden sich auf vielfältige Weise etablierte Tools eines professionellen Führungshandwerks mit hervorragenden Methoden zur Entwicklung eines achtsamen Umgangs sowohl mit den genannten Methoden als auch der Umwelt – und vor allem mit uns selbst.

» **Herausgeber:** BoD – Books on Demand;
1. Auflage (13. Januar 2020)
» **Sprache:** Deutsch
» **Gebundene Ausgabe:** 296 Seiten
» **ISBN-10:** 3750416117
» **ISBN-13:** 978-3750416116

„Zehn Goldene Regeln für dein Glück" ist Ratgeber und Wegweiser in einer Zeit des Aufbruchs und der Wandlung hin zu unserem Glück. Warum noch länger warten, wenn alles, wonach wir suchen, bereits ausgebreitet vor uns liegt. In einer aufwühlenden Zeit der globalen Veränderungen und Umbrüche, in der auf dieser Welt nichts mehr sicher zu sein scheint, sollen die hier übermittelten Botschaften uns helfen, zu erkennen, dass das Erleben von Glück, Frieden und innerer Stabilität für jedermann erreichbar ist. Die Zeiten des Vergessens und der Dunkelheit sind vorüber. Das Licht des Erkennens ist zurück und eröffnet uns freie Sicht auf das Tor zum Glücklichsein, nach dem wir so lange gesucht haben. Wir brauchen es nur noch zu durchschreiten. Lassen Sie sich an die Hand nehmen und machen Sie sich bereit für die aufregendste aller Entdeckungsreisen: Der Reise zu sich selbst.

» **Herausgeber:** BoD – Books on Demand;
1. Auflage (18. Januar 2016)
» **Sprache:** Deutsch
» **Taschenbuch:** 120 Seiten
» **ISBN-10:** 3848232227
» **ISBN-13:** 978-3848232222

novum VERLAG FÜR NEUAUTOREN

Bewerten Sie dieses Buch auf unserer Homepage!

www.novumverlag.com

Der Autor

Der Autor Thomas Damran Landsberg, Jahrgang 1967, hat mittlerweile mehrere Jahrzehnte Business- und Konzernerfahrung als Spezialist, Führungskraft, Coach, und Achtsamkeitslehrer. Nach einigen Jahren in der Bankenwelt entdeckte er seine Begeisterung für das Thema Leadership, was ihn dazu bewog, eine Laufbahn als Verhaltens- und Führungskräftetrainer einzuschlagen. Ausbildungen zum Business Coach, NLP-Master oder Heilpraktiker und Resilienztrainer sind nur ein paar Meilensteine auf seinem Berufsweg. Meditation, Qi Gong und naturheilkundliches Know-how unterstützen ihn in seiner Arbeit, Menschen in ihre Kraft zu führen. Nach „Zehn goldene Regeln für dein Glück" (2016) und „Leadership Excellence: Wirkungsvolle Führung durch Achtsamkeit" (2020) ist der Kompaktratgeber Coaching Landsbergs dritte Veröffentlichung zum Thema Bewusstsein, Persönlichkeitsentwicklung sowie Achtsamkeit.

novum VERLAG FÜR NEUAUTOREN

Der Verlag

Wer aufhört besser zu werden, hat aufgehört gut zu sein!

Basierend auf diesem Motto ist es dem novum Verlag ein Anliegen, neue Manuskripte aufzuspüren, zu veröffentlichen und deren Autoren langfristig zu fördern. Mittlerweile gilt der 1997 gegründete und mehrfach prämierte Verlag als Spezialist für Neuautoren in Deutschland, Österreich und der Schweiz.

Für jedes neue Manuskript wird innerhalb weniger Wochen eine kostenfreie, unverbindliche Lektorats-Prüfung erstellt.

Weitere Informationen zum Verlag und seinen Büchern finden Sie im Internet unter:

www.novumverlag.com